O MELHOR DO HUMOR
na internet 2

CB046099

Textos copiados, colados, revistos e classificados por
AUGUSTO M. COSTA NETTO

O MELHOR DO HUMOR
na internet 2

BestSeller

CIP-BRASIL. CATALOGAÇÃO-NA-FONTE
SINDICATO NACIONAL DOS EDITORES DE LIVROS, RJ.

C874m
v.2

Costa Netto, Augusto de M., 1943
    O melhor do humor na internet, volume 2 / Augusto de
M. Costa Netto. – Rio de Janeiro: Best*Seller*, 2010.

    ISBN 978-85-7684-393-1

    1. Internet - Humor, sátira, etc. 2. Humorismo brasileiro. I.Título.

10-2827

CDD: 869.97
CDU: 821.134.3(81)-7

Texto revisado segundo o novo Acordo Ortográfico da Língua Portuguesa.

Título original
O MELHOR DO HUMOR NA INTERNET – VOLUME 2
Copyright © 2009 by Augusto de M. Costa Netto

Arte da capa: Sense Design
Ilustração da capa: Arnaldo Branco
Diagramação: editoriârte

Todos os direitos reservados. Proibida a reprodução,
no todo ou em parte, sem autorização prévia por escrito da editora,
sejam quais forem os meios empregados.

Direitos exclusivos de publicação em língua portuguesa para o Brasil
reservados pela
EDITORA BEST SELLER LTDA.
Rua Argentina, 171, parte, São Cristóvão
Rio de Janeiro, RJ – 20921-380

Impresso no Brasil

ISBN 978-85-7684-393-1

Seja um leitor preferencial Record.
Cadastre-se e receba informações sobre nossos lançamentos
e nossas promoções.

Atendimento e venda direta ao leitor
mdireto@record.com.br ou (21) 2585-2002

atenção:

Este livro contém linguagem de baixo nível e calão, chulismo, grosseira, desbocada e impudica. Embora não seja, pode levar os leitores mais sensíveis a considerar preconceituoso. É humor na sua forma mais popular. Leitura recomendada somente para leitores adultos, de mente aberta, e para os cínicos em geral.

Não leia se você tem restrições pessoais por este tipo de texto.

aviso legal:

Este livro não reflete os pensamentos, opiniões ou pontos de vista meus, de meus familiares, amigos, patrão, vizinhos e dos meus cães e gatos. Direitos reservados aos amigos, livres para distribuir qualquer anedota por qualquer meio, inclusive eletrônico, informático, de forma oral, banal e impressa. As piadas estão sujeitas à mudança sem prévio aviso; o texto foi ligeiramente aumentado para melhor percepção de detalhes; semelhança com qualquer pessoa, viva ou morta, não é intencional; todos os modelos são maiores de 18 anos; lavar somente a seco; cuidado: não dobrar; empilhamento máximo: 12 caixas; acrescentar sal e pimenta a gosto; sua milhagem pode variar; não serão aceitas substituições; por tempo limitado até final de estoque; esta oferta fica sem efeito onde for proibida; o humor é entregue no estado, sem garantias expressas ou implícitas; o usuário assume total responsabilidade; uso obrigatório da gravata; não somos responsáveis por danos causados por uso indevido ou acidente; *caveat emptor*; leitura por conta e risco do leitor; algumas piadas podem conter expressões vulgares que não agradam a todos os leitores; recomenda-se vigilância por parte dos pais; contém palavras explícitas; mantenha longe do alcance das crianças; apenas um por família; sem entrada e em até 12 prestações sem juros; pergunte sobre nosso plano de troca de piadas; você tem de comparecer pessoalmente para reclamar o prêmio; requer alguma montagem; as baterias não estão incluídas; os opcionais são vendidos separadamente; esterilizado e fechado para sua proteção; piadas enviadas por correio podem ser danificadas durante o transporte; não use se o selo de garantia estiver violado; não use quando estiver dirigindo ou operando equipamento pesado; óculos de segurança são de uso obrigatório; somente para uso externo; em caso de náuseas, enjoo ou dor de cabeça, suspenda o uso imediatamente; caso persistam os sintomas, consulte um médico; abra somente em ambiente ventilado; não contém glúten; não use perto de fogo ou fontes de calor; evite inalar os vapores; evite contato com a pele; piadas sob pressão: podem explodir se incineradas; no caso de a piada estar vencida, não leia; o Ministério da Saúde Adverte: fumar estas piadas pode ser perigoso para sua saúde; depois de abstinência total o uso de piadas é recomendado como medida contraceptiva; todas as piadas foram 100% recicladas; nenhum animal foi maltratado ou ferido durante o teste destas piadas; não contém sal, glutamato ou preservativos; baixas calorias e zero carboidrato; atenção: escorregadio quando molhado; se ingerido, não induza o vômito: consulte um comediante; somente para maiores de 18 anos; rir é o melhor remédio; CPF obrigatório; esta oferta é válida somente em livrarias participantes; obrigatório residir no Brasil; prazo de entrega: entre duas e cinco semanas; mantenha os cintos de segurança apertados; se defeituoso, não tente consertar por conta própria: procure o centro de assistência técnica mais próximo; piadas vistas no espelho aparentam ser melhores; permaneçam em seus lugares até a completa parada das piadas; este humor não cobre estragos e prejuízos resultantes de furacão, terremoto, enchentes ou outros atos de Deus, incluindo vibrações sonoras, eletromagnéticas e radiações por explosão nuclear; o autor também não se responsabiliza por reparos não autorizados, instalação inapropriada, mau uso, erros tipográficos ou ortográficos, ou incidentes ocorridos durante a operação do computador, tais como falhas de discos, operações ilegais, travamentos, perda de arquivos e correlatos. Outras restrições podem ser aplicadas; contém material de fundo racista, preconceituoso e politicamente incorreto. Se você ficar ofendido por qualquer razão, por favor: desperte e vá viver sua vida! Não vá encher o saco de ninguém. Todo material deste livro foi enviado a mim por e-mail ou encontrado nos vários grupos de notícias, blogs, além de sites dedicados ao humor ou não em toda a web, usenet etc, onde autores específicos não eram declarados ou citados.

uma piada deve ser como saia de mulher: comprida para cobrir o assunto, mas curta suficiente para fazê-la interessante

No avião, o homem sentou-se ao lado de uma jovem mulher que levava o filhinho no colo.

Pediu licença, se ajeitou e deu de cara com a carinha do bebê. Não se conteve e exclamou:

— Santa mãe do céu!! Que diabo de menino feio!

O maior rebú.

A mãezinha ficou puta.

Começou uma discussão em altos brados, a maior quizumba no avião.

Chega a aeromoça:

— Calma, calma, por favor, vocês dois. Não podemos permitir esse tumulto...

— Este senhor me ofendeu e ao meu filho!

Mas a aeromoça bota panos quentes, muda o sujeito de lugar e tudo volta ao normal.

A aeromoça vira-se para a mulher e diz:

— Garanto para a senhora que ele não vai mais incomodar, pode ficar tranquila. Eu vou buscar um copo de água para a senhora e uma banana para o seu macaquinho...

ois amigos conversando.
   Um deles, um tanto nervoso, diz para o outro:
– Cara, fui assaltado ontem!
– Não!
– Sério... Um puta negão, com uns 2 metros de altura me apontou uma arma na cara!
– E aí?
– Ele disse: ou dá ou morre!
– E o que você fez??
– Eu morri, não tá vendo, pô??

 ois portugueses conversam em um bar:
   – Pois é, Joaquim! Ontem eu fui ao shopping center, e quando estava a subir pela escada rolante faltou energia! Fiquei mais de hora em pé, esperando que a energia voltasse!
O outro retrucou:
– Mas tu és muito burro, ô Manoel! Por isso que os brasileiros ficam a nos caçoar! Pois me digas: a escada não tinha degraus?
– Sim, realmente possuía degraus!
Então Joaquim sentencia:
– Então, ô pá! Por que não sentastes?

 m anão chegou num centro espírita com uma cara muito triste. Mas ele saiu tão contente, que alguém perguntou:
– Por que você está tão feliz, anãozinho, se você chegou tão triste?
O anão respondeu:
– É porque agora eu não sou mais anão, agora sou médium.

m gaúcho e um paraibano eram vizinhos de sítio.

Um dia nasceu uma enorme melancia bem na divisa das duas propriedades. Os dois entraram em disputa.

O paraibano, mais conciliador, propôs que um enrabasse o outro e aquele que não gritasse ficaria com a melancia inteira.

O gaúcho, muito macho, disse:

– Eu dou primeiro!

Deu e aguentou caladinho.

– Agora é você, paraíba. Pode ficar em posição...

Aí o paraibano falou:

– Sabe o que é? Eu não gosto muito de melancia! Pode ficar com ela.

 cara estava se sentindo muito mal e foi procurar o médico.

Depois de feito todos os exames, o médico diagnosticou:

– Sinto muito, mas tenho más notícias... Você não tem muito tempo de vida...

O paciente se desespera:

– Meu Deus! Que horrível! Quanto tempo eu ainda tenho?

– Dez.

– Dez? Dez o quê? Anos? Meses... Dias...?

E o médico:

– Nove...

Os loucos estavam pulando para ver quem colocava o pé mais alto na parede.

Chegou uma louca e disse que queria brincar também.

Depois de uma discussão, deixaram a louca pular.

Ela deu uma corrida, saltou e colocou o pé no lugar mais alto da parede.

Então um dos doidos falou:

– É... Mas vocês viram o tamanho da dobradiça dela?

boçal estava numa festa, e ficou doido para pegar aquela maravilhosa gatinha.

Pediu para um amigo uma dica de como conquistá-la.

O amigo falou:

— Vai lá e diz uma gracinha para ela... Eu sei que ela adora caras inteligentes e que tenham um bom senso de humor!

Ele foi, mas nessa hora ela entrou no banheiro.

Ele ficou esperando na porta.

Quando ela saiu, ele disse, bem romântico:

— Foi dar uma cagadinha, hein, meu bem?

 esus estava na última ceia e pediu para seus seguidores:

— José venha lavar meu pé... João venha lavar minha mão. E porque foges, Nicolau?

 bichinha nunca havia entrado em uma igreja.

Um dia, curiosíssima, não resistiu e entrou.

Havia uma missa com casamento.

Ela adoooorou a decoração, o altar, os vitrais, a música...

Nisso ela vê o padre com o incensário. Corre na direção dele e diz:

— Meu amooooor, adorei o seu modelito, mas sua bolsinha está pegando fogo!!!

 lesma caminhava tranquila pelo jardim, quando de repente foi atropelada por uma tartaruga.

Horas depois, toda arrebentada, acorda num hospital e o médico pergunta:

— Como foi que aconteceu?

E a lesma responde:

— Não sei! Foi tudo tão rápido!!!

bandidão mascarado entrou, de arma na mão, no banco de esperma:

– Atenção, isto é um assalto!!!

A recepcionista tentou falar:

– Mas senhor! Isto é somente um banco de esperma!

Diz o bandido para ela:

– Cala a boca. Vamos rápido!!! Abre a geladeira e pega um frasco de esperma.

A pobre mulher, assustada, abre a geladeira e pega o frasco.

O bandido continua:

– Agora abre o frasco e engole tudo!!!

– Mas para que isto?

– Não interessa... Engole tudo!

A mulher ainda tentou discutir, mas vendo que não ia ter jeito, acabou engolindo toda a porra.

Acabou e perguntou para o bandido:

– E agora?

O bandido tirou a máscara, guardou o revólver e disse:

– Calma, meu bem. Sou eu, seu marido... Eu não te disse que isto não era tão ruim?

O instrutor dizia aos alunos de paraquedismo:

– O importante é vocês se lembrarem do seguinte: ao pular do avião, contem até 10 e puxem a cordinha para abrir o paraquedas.

Um aluno levanta a mão como quem quer perguntar, e o instrutor diz:

– Pois não?

O aluno pergunta:

– A-a-até qu-quan-quanto t-t-te-tenho q-que con-con-contar?

E o instrutor:

– Até três!!!

ma bicha vai ao banco e, vendo o gerente, trata logo de fazer a pergunta:
— Seu gerente, o senhor pode ver meus fundos, que eu quero ver se eu saco?

 freguês entra numa farmácia e pergunta ao farmacêutico:
— Seu Manoel, o senhor tem remédio pra barata?
E o seu Manoel responde:
— E o que é que a baratinha está sentindo?

m sujeito leva a garota para passear no carro esporte novo. Ela adora a velocidade, e ele decide provocá-la:
— Se eu for a 200 km/h, você tira a roupa?
Ela concorda imediatamente.
Enquanto o sujeito aumenta a velocidade, ela começa a tirar toda a roupa.
Mas, é claro, com o carro a 200 por hora e a garota pelada a seu lado, o sujeito se distrai e acaba saindo da estrada, capotando.
Quando ele se recupera do susto, vê que está preso entre as ferragens.
A garota, por sorte, está ilesa. Ele pede:
— Por favor, vá pedir ajuda. Estou entalado aqui dentro.
— Mas não posso, estou pelada! Minha roupa sumiu.
O sujeito olha ao redor e vê seu sapato. Ele diz:
— Ah, sei lá. Pegue esse sapato e se cubra com ele... Mas vai correndo buscar ajuda!
A garota sai pela estrada e chega pouco depois num posto de gasolina. Ela ainda está segurando o sapato entre as pernas e diz ao frentista:
— Por favor, me ajude! Meu namorado está entalado!
O frentista olha para o sapato e diz:
— Acho que não posso fazer nada. Ele está muito fundo!

— Quero meio quilo de veneno para matar ratos – pediu o homem.
 — O senhor vai levar? – indagou o farmacêutico.
— Não... Vou pedir que os ratos venham comer aqui...

Uma loira vai a uma liquidação e encontra uma barganha.
 — Eu queria levar essa TV – diz ela.
— Desculpe, mas não vendemos para loiras.
Ela correu pra casa, tingiu o cabelo de preto e voltou à loja.
— Eu queria essa TV...
— Desculpe, mas não vendemos para loiras.
"Poxa! Ele me reconheceu", pensou ela.
Então ela foi para casa e fez um disfarce completo: cortou o cabelo, tingiu de novo, colocou uma roupa diferente, óculos escuros e pronto.
— Oi... eu queria comprar essa TV.
— Desculpe, mas não vendemos para loiras.
Puta da vida, ela pergunta:
— Pô!! Como você sabe que sou loira?
— Porque isso não é uma TV. É um micro-ondas...

Uma velha feia entra na delegacia.
 — Vim dar uma queixa. Na porta da igreja tem um homem exibicionista, nu debaixo de uma capa. Quando eu passei, ele abriu a capa, exibiu um instrumento enorme e duro e me disse: "Vamos fazer um amorzinho, beleza?"
E arrematou:
— Eu acho que ele está bêbado ou é maluco!
O policial levanta os olhos, vê a mulher, abaixa os olhos novamente e diz:
— É, a senhora tem razão!

O gaúcho entrou na farmácia e pediu:
– Me dá uma pomada lubrificante!
Assim que o farmacêutico lhe entregou, ele pediu:
– Posso experimentar?
O farmacêutico concordou com a cabeça, e o gaúcho esfregou um pouquinho da pomada entre os dedos.
– Tu não tens uma mais suave?
O farmacêutico foi buscar outro tubo.
O gaúcho tornou a fazer a experiência.
– Tu não tens uma que deslize melhor?
O farmacêutico pegou outro tubo.
– Essa sim! Vou levar essa!
Assim que ele saiu da farmácia, um curioso que presenciara a cena comentou com o farmacêutico:
– Aposto que hoje esse gaúcho vai comer um cu!
– Qual nada – disse o farmacêutico. – Ele vai é dar!
– Como você pode ter tanta certeza?
– É simples! Você já viu alguém se preocupar com o cu dos outros?

Na selva, um macaquinho muito safado e matreiro se aproxima por trás de um leão, adormecido na sombra de uma frondosa árvore, vê aquele traseiro enorme dando sopa e não resiste...

O leão acorda imediatamente, furioso diante da ousadia de ter sua majestade ultrajada, e sai em perseguição ao macaco irreverente.

Quase um quilômetro adiante, o macaco encontra um jornal caído no solo, senta-se num tronco e põe-se a ler as notícias, com o cuidado de cobrir o rosto para não ser identificado pelo leão, que lhe pergunta:

– Você por acaso não viu um macaco pequeno e sem-vergonha passar por aqui?

– Qual!? Aquele que comeu o leão?

– O quê??!!! – diz o leão, atônito. – A notícia já saiu no jornal?

m sujeito entra na drogaria e uma mulher está atendendo atrás do balcão.

Ele pergunta:

– Posso falar com o farmacêutico, por favor?

E a mulher responde:

– Eu sou a farmacêutica, senhor. O que é?

O sujeito parece embaraçado e diz:

– É meio pessoal, e eu preferia falar com um farmacêutico homem...

E a senhora, com tom de voz imponente:

– Jovem, minha irmã e eu trabalhamos nessa farmácia há 20 anos. Eu lhe asseguro que não há problema que seja tão pessoal ou tão constrangedor que não tenhamos ainda ouvido. O que é? Não precisa ficar com vergonha, somos profissionais...

E o sujeito:

– Bem... Você pode ver... eu tenho essa constante ereção no pênis. Eu posso fazer amor oito ou nove vezes num dia e ainda ter ela. Há alguma coisa que você possa fazer nessa condição?

A farmacêutica fala em particular com a irmã e vem com a resposta:

– Nós te oferecemos casa, comida e R$ 2 mil por mês.

boçal vinha na rua, coçando a cabeça por cima do chapéu. Uma mocinha que vinha passando, vendo aquilo, indagou:

– Ué!! Porque o senhor não tira o chapéu para coçar a cabeça?

A resposta veio no ato:

– Por acaso você tira as calcinhas para coçar o cu?

um avião, o piloto esquece ligado o botão que permite se comunicar com os passageiros.

Quando aterrissam o avião, ele diz para o copiloto:
— Bem, agora vou fumar um cigarrinho, dar uma cagadinha e depois eu vou comer a aeromoça...

Esta, apavorada, no fundo do avião, pois todos estavam olhando para ela, sai correndo para desligar o maldito botão, mas tropeça no tapete e cai perto de uma velhinha, que lhe diz:
— Calma, minha filha. Ele ainda vai fumar um cigarrinho e dar uma cagadinha.

 segurança do clube se aproxima do bêbado e ordena:
— Exijo que o senhor se retire imediatamente!
— Por quê?
— Porque o senhor está urinando na piscina.
— Não vai me dizer que eu sou o único que faz isso!
— De cima do trampolim, sim!

 gerente do hotel flagra o camareiro espiando pela fechadura de uma suíte nupcial:
— Que coisa mais feia, Arnaldo! Onde já se viu uma indiscrição dessas? Esta é uma casa de respeito!
— Tô sabendo, mas vem ver só que sacanagem!

O gerente olha para os lados, não vê ninguém por perto e se deixa vencer pela curiosidade.

Encosta o olho, fica alguns segundos em silêncio e depois esbraveja:
— Pô! E pensar que esse porcalhão fez um puta escândalo ontem a noite só porque achou um cabelo na sopa!

s seis legionários estavam perdidos no deserto, exaustos, quando viram um camelo.

Montaram nele, por ordem hierárquica: na frente o major, depois o capitão, o tenente, o sargento, o cabo e, lá no finzinho, quase caindo, o soldado. Depois de dois dias e duas noites de marcha, o major disse para o capitão:

– Estou preocupado com o camelo, nestes dois dias não defecou nenhuma vez!

O capitão:

– Tenente, ouviu o major? Verifique o que está acontecendo.

O tenente:

– Sargento!!!
– Cabo!!!
– Soldado!!! Que é que tá havendo aí atrás? O camelo não tá cagando?

O soldado:

– Pô, cabo, se eu tirar o pé do cu dele, eu caio no chão!

m cara foi num boteco, chegou para o balconista e falou:
– Ô mané, me vê aquele quibe ali!!!
– Que quibe, ô cego! Aquilo é um ovo, idiota!
– Que ovo, o quê? To vendo ele ali!
– É ovo sim, porra! Quer ver? Xô, mosca, xô!

merda

O vocábulo MERDA é uma das palavras mais versáteis da língua portuguesa. Ela pode descrever diversas situações do dia a dia, de uma forma precisa e direta.

A simples aplicação da palavra MERDA em uma sentença define, claramente, a intenção do autor. Além disso, ainda existe uma enorme diversidade de usos para este vocábulo para descrever as mais variadas situações.

Por exemplo:

Indicando um destino:
– Vá à merda!

Adjetivo qualificativo:
– Você é um merda!

Afirmação de ceticismo:
– Não acredito em merda nenhuma!

Desejo de vingança:
– Vou fazê-lo virar merda!!!

Acidente:
– Deu a maior merda!

Efeito visual:
– Não vejo merda nenhuma!

Situação econômica:
– Estou na merda!

Sensação de desconfiança:
– Isto está cheirando a merda...

Sugestão de despedida:
– Por que você não vai à merda?

Despedida apressada:
– Vou-me embora desta merda, já!

Especulação de conhecimento:
– Que merda será isto?

Mostrando grande espanto:
– MERDA!!!

Atitude de ressentimento:
– Não me deu nenhuma merda de presente!

Explicação degustativa:
– Isso tem gosto de merda!

Ato de impotência:
– Esta merda não fica dura!!

Promover apressamento:
– Rápido com essa merda!

Explicando emprego:
– É uma merda de trabalho!

Situação de desordem:
– Tudo está uma merda!

Rejeição, despeito:
– O que é que esse merda está pensando?

Colocar em dúvida:
– Você acha que alguém vai acreditar nesta merda?

Situação alquimista:
– Tudo o que ele toca vira merda!

Problema sério:
– Puta merda!

Problema seríssimo:
– Puta que la merda!!!

Enfoque de beleza:
– Ela é uma merda!

Como indicação geográfica:
– Onde fica esta merda?

Valor monetário:
– Isto não vale merda nenhuma!

Explicação quantitativa:
– Trabalho pacas e ganho uma merda!

Avaliação de caráter:
– Quem este merda pensa que é?

Indicador de continuidade:
– Na mesma merda de sempre!

Crítica de filme:
– Êta filminho de merda!

As Melhores frases

merda na história universal:

- ☒ Quando será que esta merda de chuva vai acabar? (Noé)
- ☒ Quando vamos chegar numa merda de terra? (Cristóvão Colombo)
- ☒ Esta merda se parece muito com ela. (Pablo Picasso)
- ☒ Que merda foi isto? (Prefeito de Hiroxima, 1945)
- ☒ Qualquer idiota entende esta merda. (Einstein)
- ☒ De onde apareceram todos estes merdas de índios? (General Coster, EUA, 1877)
- ☒ De onde está vindo toda esta merda de água? (Capitão do *Titanic*)
- ☒ Que merda vocês querem que eu pinte no teto? (Michelangelo, 1566)
- ☒ Ora, Mônica, não se preocupe! Ninguém vai saber de merda nenhuma! (Bill Clinton, 1997)
- ☒ Esta merda vai pegar! (Bill Gates)

a merda e algumas religiões

Taoísmo:
– Merdas acontecem!

Budismo:
– Merda acontece, mas não é intrinsecamente merda.

Islamismo:
– Se acontecer merda, terá sido por vontade de Alá.

Protestantismo:
– Merda acontece porque você não trabalhou o bastante.

Judaísmo:
– Por que a merda acontece sempre com a nossa gente?

Hinduísmo:
– Esta merda já acontece há séculos.

Catolicismo:
– Merda acontece porque você merece.

Evangelismo televisivo:
– Merdas não acontecem para os que pagam o dízimo.

Ateísmo:
– Não existe merda nenhuma.

Hedonismo:
– Nada como uma boa merda acontecendo!

Agnosticismo:
– Talvez aconteça a merda, talvez não.

Existencialismo:
– Afinal, o que é a merda?

Estoicismo:
– Essa merda não me afeta.

erguntou o juiz:
— Como o senhor matou a vítima, sua esposa?
— A chifradas, meritíssimo.
— Absolvido. Legítima defesa.

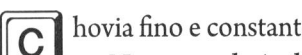 hovia fino e constante.
No ponto de ônibus, aquele senhor comentava com a mulher ao lado:
— Chuva pra cacete, hein?
E ela:
— Chupo sim, senhor...

 canguru entrou saltando no bar e pediu um martini seco.
O barman, refeito da surpresa, serviu.
O canguru bebeu calmamente, pediu mais um e ao final perguntou:
— Quanto devo?
— Vinte reais – respondeu prontamente o barman.
Enquanto o estranho cliente pegava o dinheiro, o barman fez um comentário:
— Sabe que é a primeira vez que atendo um canguru?
— Primeira e última... Com esses preços!!!

 emprega ao telefone:
— O doutor Afonso não está, ele viajou...
— De férias?
— Acho que não... A patroa também foi!

garotinha de 13 anos comenta com a mãe sobre o seu primeiro namorado:

– O Paulinho é um gato, mamãe! Carinhoso, gentil, bonito, forte e inteligente! Tem tudo o que uma mulher pode querer de um homem! Ele só tem um defeito!

– Qual? – Pergunta a mãe, curiosa.

– Ele é um pouco atrevido! Imagina que logo na primeira vez que nós saímos ele me pediu um beijo!

– No duro?

– Não, mãe! Na boca!

Havia uma bichinha que todo dia ia para a boate para ensaiar o seu musical. Como era caminho, sempre passava em frente a uma obra cheia de homens trabalhando, e todo santo dia era a mesma coisa:

– O bichona! Escrota, ridícula, horrorosa...

A bichinha respondia:

– Pedreiro, pobretão, nojento, analfabeto!!!!

E todo dia era a mesma coisa.

No dia da estreia a bichinha estava impecável. Linda, toda arrumada e com roupas divinas! Quando passou em frente da obra, os caras começaram:

– Linda, maravilhosa, gostosa!

– Fofa, casa comigo, belezura!

A bicha, entusiasmada com tanto elogio, grita:

– Ai!!! Engenheiro! Médico! Advogado! Intelectual!

encido o primeiro mês de aluguel do apartamento da morena maravilhosa, o proprietário bate à porta.
– Quem é? – Pergunta uma voz feminina, sem abrir.
– O proprietário. Vim cobrar o aluguel.
– Dá para passar mais tarde? Agora estou ocupada pagando a conta do supermercado.

 morte precoce do pujante gorila fazia definhar a fogosa gorila. O atento diretor da Divisão de Primatas logo percebeu a carência específica do belo animal, mas como satisfazê-la? Não havia outra saída: ninguém tinha melhores relações com a gorila do que o limpador da jaula.
O diretor explicou ao rapaz:
– Você compreende... Isso tem importância científica. Contamos com você. E são 5 mil reais!
Precavido, o rapaz impôs três condições:
– Não pode ser na jaula, tem de ser num motel.
– Está ótimo, tens razão – concordou o diretor.
– Vocês não vão deixar a minha Maria saber disso.
– É evidente – concordou o diretor. – confie em nós. Que mais?
– A terceira é o seguinte: posso pagar os 5 mil reais em cinco vezes?

A mãe chama o filho de 9 anos e, um tanto quanto constrangida, lhe diz:
– Filho, senta aqui ao meu lado, precisamos ter uma conversa bastante séria!
– O que foi, mãe?
– O assunto é sexo!
– Não tem problema, mãe... O que você quer saber?

U m gaúcho andava todo feliz com uma pochete prateada nova. Um dia, ele foi até uma boate, onde encheu a cara de pinga e apagou!

No dia seguinte, acordou no meio da rua sem a sua querida pochete.

O gaúcho virou macho.

– Vou procurar por todo Rio Grande e furar o ladrão da minha pochete!

E o gaúcho saiu em busca de sua pochete por todo o Rio Grande.

Até que, semanas depois, num bar, ele viu um cara muito grande, acompanhado de outros maiores ainda, usando sua pochete prateada.

Cheio de coragem o gaúcho pergunta:

– Onde conseguiste essa pochete?

O outro responde:

– Nem te conto. Estava saindo de uma boate quando vi um bêbado tombado no chão... Como ele estava de calças arreadas, aproveitei e "crau" no cu dele. E como recordação, peguei essa linda pochete, por quê?

– Por nada não, tchê! Eu só queria fazer uma igual para mim.

Q ual é a diferença entre uma esposa não judia e uma esposa judia? A não judia pergunta pro marido: – E aí, já comprou Viagra?

A judia pergunta pro marido: – E aí, já comprou ações da Pfizer?

N uma roda de amigos, o camarada comenta o talento musical da filha:

– Vocês precisam ver a minha filha. Está estudando violino e até ganhou uma bolsa de estudos na Europa!

Um dos amigos pergunta:

– Do governo?

– Não, dos vizinhos!

Quatro sujeitos estão pescando. De repente um deles diz:
– Vocês não imaginam o que tive que fazer para vir pescar! Tive que prometer à minha mulher que eu iria pintar a casa no fim de semana.

– Isso não é nada – diz o segundo. – Eu tive que prometer à minha mulher que consertaria a escada.

– E eu, então! – Diz o terceiro. – Prometi a minha mulher que compraria uma cozinha nova.

O quarto não diz nada.

Os outros, então, perguntam como é que ele teve alvará para a pesca. Ele responde:

– Eu pus o despertador para 5 e meia. Quando ele tocou, eu acordei minha mulher e disse:

– Pesca ou trepada? Ela só falou pra não se esquecer de levar um pulôver.

Três jovens recém-chegados à paróquia se apresentam:
Diz o primeiro:
– Meu nome é Paulo, mas não sou o apóstolo.
Fala o segundo:
– Sou Pedro, mas não o santo.
O terceiro era uma menina, que diz:
– Eu... Eu me chamo Maria... E não sei mais o que dizer...

quele casal apaixonado faz conjecturas sobre o futuro:
– Meu bem... O que você faria se soubesse que o mundo fosse acabar daqui a dez minutos?

– Eu faria amor com você, querida!

– E nos outros nove?

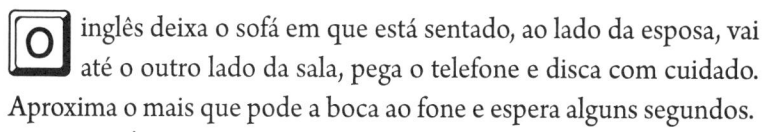

O inglês deixa o sofá em que está sentado, ao lado da esposa, vai até o outro lado da sala, pega o telefone e disca com cuidado. Aproxima o mais que pode a boca ao fone e espera alguns segundos.

– Alô. É você, meu bem? – diz com voz grave.
– Sou.
– Estive pensando longamente sobre o nosso caso. Por isso não liguei antes. Deixei para ligar somente quando tivesse tomado alguma decisão. E esse momento chegou, meu bem. Eu sei que é terrível, mas devemos terminar tudo. Tudo. Nada mais pode existir entre nós, temos que acabar com essa loucura. Estou ligando para dizer-lhe adeus. Sei que vai ser duro e cruel, e para evitar que fraquejemos nessa decisão, acho que devemos tomar uma medida drástica. Eu vou desligar o telefone agora mesmo e vou contar tudo para minha mulher. Você faz o mesmo: conte tudo para a sua...

Um rapaz e sua paquera estão num carro parado a alguma distância da cidade fazendo o que rapazes e moças fazem quando estão num carro parado a alguma distância da cidade. As coisas estão esquentando, mas a garota diz:

– Antes de continuar eu quero te dizer que eu sou uma garota de programa, e cobro 50 reais pela trepada.

O rapaz olha para ela por uns segundos e lhe entrega o dinheiro.
Então, eles terminam o que tinham começado.
Depois do cigarro, o rapaz senta na direção e fica olhando pela janela.
– Por que não vamos para algum lugar? – Sugere a moça.
– Olha – diz o rapaz —, eu não disse isso antes, mas acontece que eu sou motorista de táxi, e a corrida até a cidade custa 60 reais.

turco foi de carro pra cidade com a filha mocinha.
Foram assaltados!
Os ladrões levaram as roupas, relógios, joias, o automóvel...
Deixaram os dois peladinhos no meio do mato.

O turco estava com a maior vergonha, de costas para a filha, sem coragem de olhar para ela nua, e diz:

– Filhinha, que desgraça. Levaram tudo que nós tinha... levaram joias, roupas, levou autumóve, levou tudo nosso dinheiro!
– Não, papai, o dinheiro o ladrão não levou! Eu escondi!
– Onde filhinha escondeu o dinheiro?
– Aqui, pai! Tirou a grana da xoxota e mostrou ao pai.
E o turco:
– Ó filhinha... que azar! Se seu mamãe está aqui, nós não perde nem o autumóve!

 arido e mulher:
– Querido, a torneira está pingando...
– Estou sem tempo de consertar, e eu não sou encanador!
Dia seguinte...
– Você está se lembrando da torneira?
– Hoje à noite não; e, além disso, eu não sou encanador!
Mais uns dias e ele pergunta:
– Ué, a torneira não está mais pingando?
– Não, o vizinho veio consertar.
– Ah... E o que ele pediu pelo serviço?
– Que eu fizesse um bolo ou uns pãezinhos para ele.
– E você fez?
– Não. Eu dei-lhe uma chupada!
– O quê?!! Você por acaso não podia ter feito esses pãezinhos?
– Ah, eu não sou padeira!!!!

aquele caminhoneiro gaúcho reclamando do atendimento de um posto de gasolina:
– Merda de posto que não tem papel higiênico nem para limpar a porra do cu!

 s piratas na caravela quando batiam punheta, jogavam a gosma dentro de uma barrica pra não ficar fedendo.

Quando a barrica enchia, eles jogavam aquele troço no mar.

Um dia, uma dessas barricas ficou boiando de lá pra cá, de cá pra lá, e como no mar estava frio demais, aquele treco congelou e foi acabar parando na beira de uma praia, perto de um convento.

As freiras pegaram a barrica e depois de um tempo, ficaram todas barrigudas.

Sem explicação pra essa "epidemia", a madre superiora chamou a fofoqueira do convento e perguntou:

– Você, irmã Dolores, que é fofoqueira, que sabe tudo, me conta o que foi que aconteceu. O que aconteceu pras irmãs ficarem todas grávidas, todas barrigudas?!

– Ah, eu não sei... Não sei não, irmã Leonor...

– Como não? Você sabe tudo aqui! Não aconteceu nada?

– Bem... Alguns meses atrás apareceu uma barrica rolando lá na praia... A gente pensou que era de chope mas não era! Tinha uma massa branca, dura e compacta!

– Sim, mas o que vocês fizeram com essa massa?

– Ué... nós fizemos velas para a igreja...

 uas amigas conversavam:
– É realmente incrível como seu filho se parece com o pai.
– Sim, mas fale baixo, senão meu marido escuta e os chifres dele voltam a doer novamente.

O marido durão chega em casa do trabalho e encontra a mulher aos prantos:
– Osvaldo, a nossa empregada...
– Isso é problema seu!
– Mas... Ela... ela está grávida!
– Isso é problema dela!
– E ela disse que o filho é seu!
– Isso é problema meu!

Duas amigas conversam:
– Querida, por que será que os homens preferem as virgens?
– Isso é claro, meu bem. Eles são incapazes de suportar críticas.

Dizia a mãe:
– Olha, minha filhinha: agora que você vai se casar, faz uma coisa: liga pra mamãe de vez em quando pra contar como vão indo as "coisas"...
– Ah!, mamãe, o Raul é muito sério. Ele não vai deixar eu contar as nossas intimidades assim não.
– Disfarça. Cada vez que ele der uma transada, diga que ele fez uma refeição.
Após um mês de casamento, a filha liga pra mamãe:
– Oi, mamãe, conforme o combinado vou contar as novidades.
– E daí, minha filha, o Raul tá fazendo muitas refeições?
– Mais ou menos. Dia sim dia não ele faz uma refeição; a senhora acha que assim tá bom?
– O quê? Só isso?
– Só. Por quê, mamãe? Com o papai é diferente?
– Olha minha filha: seu pai tá casado comigo há 30 anos. Todo dia ele faz uma refeição normal, depois pede uma rabada e para finalizar ainda dá uma lambida na panela...

O marido chega em casa e encontra um homem debaixo da cama. Furioso, pergunta à mulher:
– Que faz este homem debaixo da minha cama?
A esposa, com os olhos brilhantes e um sorriso malandro, responde:
– Debaixo não sei, mas em cima faz maravilhas!!

No consultório médico, uma morena gostosíssima resolve tirar uma dúvida:
– Doutor, é verdade que a gente pode engravidar num banheiro público?
– É sim – respondeu o médico. – Acho melhor você parar de trepar lá!

Grandes injustiças da língua portuguesa

Masculino e Feminino

Cão: melhor amigo do homem
Cadela: puta

Vagabundo: homem que não faz nada, preguiçoso
Vagabunda: puta

Tiozinho: irmãozinho mais novo do pai
Tiazinha: puta

Feiticeiro: conhecedor de alquimias, mágico
Feiticeira: puta

Puto: nervoso, irritado, bravo
Puta: puta

Bonequinho: brinquedo
Bonequinha: puta

Vadio: homem que não trabalha
Vadia: puta

Touro: homem gordo, forte
Vaca: puta

Dado: homem afável, de bom trato
Dada: puta

Pistoleiro: homem que mata pessoas
Pistoleira: puta

Aventureiro: homem que se arrisca, viajante, desbravador
Aventureira: puta

Ambicioso: visionário, enérgico, com metas
Ambiciosa: puta

Garoto de rua: garoto pobre, que vive na rua
Garota de rua: puta

Mascarado: herói, homem que oculta sua identidade
Mascarada: puta

Atirado: semelhante a aventureiro, corajoso
Atirada: puta

Homem da vida: vivido, com sabedoria adquirida ao longo da vida
Mulher da vida: puta

O galinha: o "bonzão", que transa com todas
A galinha: puta

A professora de literatura do Joãozinho explicava a diferença entre poesia e prosa:
— Na poesia o autor se utiliza de rimas para enriquecer o estilo, enquanto na prosa não se usam rimas. Vocês entenderam?
— Entendemos sim – respondeu toda a turma.
— Então vocês vão me trazer para a aula de amanhã um texto feito por vocês. Pode ser em poesia ou prosa.
No dia seguinte, chega a professora na sala e pergunta para Cristina, a melhor aluna da turma:
— O que você fez?
— Eu fiz uma poesia. Ficou assim:
"A minha professora
sabe coisa de montão
é um amor de pessoa
e mora no meu coração."
— Muito bem!!! As rimas saíram muito boas! Você vai ganhar um ponto na próxima prova.
— Joãozinho, você fez o trabalho?
— Hein! Claro...! Ficou assim:
"Ela é minha professora
o nome dela é Julieta
sempre que ela vai na praia
a água bate..."
— Professora, a senhora quer prosa ou poesia?
— PROSA!, Joãozinho, PROSA!!!
—... no cu!!!

E Jacó diz para o filho:
— Isaaquinho, há quanto tempo você está chupando essa bala?
— Duas horas, pai!
— Então já pode tirar o papel!

A secretária, quando nota a braguilha do chefe aberta, fica sem jeito para adverti-lo do fato.
Meio envergonhada, diz:
— Doutor, er... sua garagem está aberta.
Ele não entendeu direito, mas um companheiro de trabalho lhe explicou com as palavras certas, e ele fechou o zíper.
No outro dia ele, maliciosamente, pergunta para a secretária:
— Por acaso, quando viu que minha garagem estava aberta, você conseguiu ver um Mercedes vermelho e pontudo?
— Não senhor. Tudo que eu vi foi um pequenino Volkswagen desbotado com os dois pneus da frente totalmente murchos...

A mãe do Alfredinho o acordou às sete da matina.
Sem perceber qualquer entusiasmo do filho, gritou logo:
— Levante-se já!!! Tenha responsabilidade!
O lamento veio de bate-pronto:
— Mãe, eu não vou pra escola!! Lá, todos os alunos me odeiam! E as professoras também, os serventes querem me ver pelas costas!
A mãe voltou a exigir, sem papas na língua:
— Levante-se, filho! Já para a escola!!
— Mas mãe, por que você quer me ver naquela tortura e sofrimento de novo?
E a mãe, absoluta, sem pestanejar:
— Por duas boas razões, filho querido. Primeira, porque você já tem 45 anos. A segunda, porque você é o diretor da escola...

U ma vizinha:
— Oh! Maria, está doente? Eu vi um médico saindo de sua casa, hoje de manhã.
— Olha lá! Ontem de manhã eu vi um coronel saindo da tua e não estamos em guerra...

O cara tinha o pinto muito pequeno e foi ao médico pra ver se corrigia o defeito. O médico examinou e disse a ele que não ia ter jeito, que era uma coisa da natureza, mas que ele ficasse tranquilo, pois tinha muitos homens na mesma situação dele, portanto não era motivo de preocupação.

Mas de tanto ele insistir, o médico ensinou-lhe uma técnica. Disse:
— Quando você estiver transando, pegue as suas bolas e puxe para trás, que o pênis aumenta um pouco.

E lá se foi o cara todo contente pra casa.

Mal anoiteceu ele já estava cercando a mulher, doido para testar o novo método. Quando estavam no auge da transa, ele pegou suas bolas e puxou pra trás, só que na puxada, ele pegou junto os pentelhos da mulher e ela começou a gritar:
— Ai, ai, ai...
E ele, entusiasmado:
— Entra rasgando, meu gigante!

O jovem casal, em lua de mel, está há cinco dias trancado no apartamento.

Depois de um cigarrinho, ele vai chegando de mansinho e sussurra no ouvido dela:
— Vamos fazer um negócio diferente, amor. Vira!
— Ah não! Mamãe bem que me disse que você ia pedir isso! Não viro, não!!
— Mas amorzinho, você não disse que queria ter um neném?

O eletricista entra na sala do hospital, onde estão os doentes submetidos aos aparelhos de pulmão artificial, e anuncia:
– E agora, pessoal, vamos dar uma respirada bem funda, que eu preciso cortar a luz por cinco minutos!

O cara chegou no médico e disse:
– Doutor, está nascendo um pinto na minha testa, e eu não sei o que fazer...
O médico deu-lhe uma receita:
– Compre todos os livros que você encontrar. Leia todos e volte aqui para vermos como você está.
O cara foi à uma livraria e comprou tudo o que era possível e leu até as páginas amarelas.
Passou um tempo e o cara voltou ao médico:
– Doutor, eu li tudo quanto é livro e nada resolveu; o pinto continua crescendo na minha testa!
– Calma! – Retrucou o doutor. – Agora vá pra uma videolocadora, alugue e assista quantos filmes você puder...
O cara, achando estranho, mesmo assim alugou e assistiu uma porrada de filmes. Passado mais um mês:
– Doutor, o senhor é um picareta! Gastei a maior grana comprando livros e alugando filmes, além de ter que pagar sua consulta, e o pinto continua crescendo na minha testa!
O doutor então falou:
– É bom você aproveitar agora, pois quando nascerem as bolas, você vai ter certa dificuldade pra fazer essas coisas!

Mariazinha vai transar com seu novo namorado e pede:
– Amor, põe um dedo?
– Claro, benzinho.
– Põe mais um?
– Tá bom.
– Mais um?
– Lá vai.
– Mais?
– Só faltava um mesmo...
– Já pôs a mão toda?
– Já sim.
– Agora põe a outra.
– Hum... Tá bom.
– Pronto?
– Pronto. As duas mãos.
– Agora bate palmas.
– Hummm, não dá...
– Viu como sou apertadinha?

A garota veio do interior para fazer um curso de corte e costura na cidade grande.
Após 6 meses de curso, foi reprovada no exame final.
Muito chateada, foi então ao correio e passou um telegrama pra mãe, com os seguintes dizeres:
"Mamãe... Levei pau no corte... parto breve!"

Dois amigos se encontram:
– Como vai?
– Vou levando...
– Pô! Eu, que vou botando, estou achando ruim... Imagine você, que vai levando!!

Os engenheiros estavam quebrando a cabeça para resolver o problema de remover aquela enorme pedra, que atrapalhava a construção de uma estrada no interior do Brasil.

O caipira via tudo, mas estava quieto.

Os engenheiros faziam contas de quanta dinamite seria necessária para pulverizar aquela pedra.

Então, o caipira falou:

– Mas é fácil resorvê isto!

O chefe respondeu

– Ô caipira, como é fácil? Precisamos tomar muito cuidado com a dinamite, para que não vá tudo pelo ar e atinja outras construções ou pessoas por perto.

Disse o caipira:

– Mas eu resorvo isto sem dinamite!

– Impossível!

– O senhor quer vê?

Dito isto, chamou um negão que estava por ali e cochichou alguma coisa no seu ouvido.

O negão pegou um pequeno martelo e foi para perto da pedra. Olhou, examinou devagarzinho e deu uma pequena martelada em um ponto qualquer da pedra.

A pedra quebrou em milhares de pedacinhos!

Os engenheiros ficaram malucos e perguntaram para o caipira:

– Não é possível, como você fez isto?!!

– Eu num falei qui era fácir? Taí, ó!

– Mas o que você disse pro negão?

– Simples. Eu falei: pega este martelo, vai lá naquela pedra e me tira um pedacinho bem pequeno. Mas cuidado pra não fazer cagada!

Aquele político velho de guerra estava sendo julgado por corrupção. Enquanto transcorria o julgamento, ele aguardava em sua casa, nervoso.

De repente toca o telefone, e o advogado encarregado da sua defesa diz, sem esconder a alegria:

— Doutor, a justiça foi feita!
— Vamos apelar! – Emenda o safado.

Essa é do tempo em que, para ser prostituta, tinha de pedir autorização ao delegado para exercer a profissão.

Nem bem o dia amanheceu, a velhinha acordou para ir à feira.

Quando passava diante da delegacia, viu uma fila de jovens garotas com as pernas de fora.

Curiosa, abordou a última da fila:

— Me explica uma coisa, menina! Pra que essa fila?

A garota, com 18 anos recém-completados, envergonhada, resolveu mentir:

— É pra pegar autorização para colher laranjas no sítio da prefeitura!
— Oba! Eu adoro laranjas! – E postou-se logo atrás da menina.

Quando chegou a sua vez, o delegado indignou-se:

— Mas vovó, a senhora nessa idade ainda trepa?
— Trepar eu não trepo, mas chupar eu chupo!

E outra do cara que entrou na farmácia gritando:

— Me dê uma camisinha que hoje vou dar aquela transa!!!!!!

E o farmacêutico indignado com a presença de senhoras:

— Cuidado com a língua, rapaz!
— Tem razão! Me dê duas camisinhas!!

O sujeito vai ao confessionário e começa:
– Meu padre, ontem eu fiz amor com minha mulher nove vezes.
– Mas se foi com sua mulher não é pecado meu filho.
– Padre. Foram nove vezes!!! Eu tinha que contar para alguém...

C erto dia um amigo vira para o outro e pergunta:
– Me desculpe a curiosidade, mas como você conseguiu ficar rico desse jeito?
– É que eu montei um puteiro, quando vim pra cá, isto há trinta anos.
– E como era esse puteiro?
– Era muito bonito, ficava num prédio e eu dividia o prédio por categoria, isto é, no térreo só ficavam as bichas, no primeiro andar só as mulheres com mais de 30 anos e no segundo andar as meninas com 18 anos.
– Puxa vida, que legal, mas foi fácil montar esse bordel?
– Foi nada!! Só no começo é que foi difícil, pois éramos só eu, minha esposa e minha filha!!!

A quela mineirinha voltava pra Belo Horizonte, num trem.
Lá pelas tantas deu, na coitada, uma enorme vontade de mijar. No trem não tinha banheiro.
Ela, apertada, não sabia o que fazer!
De repente o trem para numa estaçãozinha e ela avista um banheiro lá fora. Ela salta do trem, correndo, faz suas necessidades e volta.
Mas infelizmente o trem já havia partido.
Ela senta-se num banco e começa a chorar.
O chefe da estação se aproxima e pergunta o que aconteceu.
Ela, então, fala:
– Voismecê num faiz ideia! Eu fui fazer um xixizinho rápido e o trem partiu!
– Uai! Mas ocê já num nasceu com o trem partido?

frases verídicas recolhidas em portugal

Carlos Cabrita – Presidente da Junta de Freguesia do Fundão:
– Depois de algum tempo, a água corrente foi instalada no cemitério, para satisfação dos habitantes.

Dr. Alves Macedo – oncologista:
– Esta nova terapia traz esperanças a todos aqueles que morrem de câncer a cada ano.

Manuela Moura Guedes – jornalista da TVI:
– Os sete artistas compõem um trio de talento.

Agente Paulo Castro – relações públicas da polícia judiciária:
– A polícia encontrou no esgoto um tronco que provém, seguramente, de um corpo cortado em pedaços. E tudo indica que este tronco faça parte das pernas encontradas na semana passada.

Angelo Bálsamo – jornal *O Incrível*:
– A vítima foi estrangulada a golpes de facão.

António Sesimbra – *O Independente*:
– Um surdo-mudo foi morto por um mal-entendido.

Rui Lima – Jornal *A Bola*:
– Os nossos leitores nos desculparão por este erro indesculpável.

António Tadeia – Crônicas do *Correio da Manhã*:
– Há muitos redatores que, para quem veio do nada, são muito fiéis às suas origens.

Dr. Joaquim Infante – Hospital Santa Maria:
– Ela contraiu a doença na época em que ainda estava viva.

Diário da Universidade de Bragança:
A conferência sobre a prisão de ventre foi seguida de um farto almoço.

António Bravo – SIC:
– O acidente provocou uma forte comoção em toda a região, onde o veículo era bem conhecido.

Luís Fontes – *A Capital***:**
– O aumento do desemprego foi de 0% no mês passado.

Ribeiro de Jesus – PSP de Faro:
– À chegada da polícia, o cadáver encontrava-se rigorosamente imóvel.

Eng. Paulo Assunção – EDP:
– As circunstâncias da morte do chefe de iluminação permanecem rigorosamente obscuras.

Crônicas do *Diário da Beira***:**
– Ferido no joelho, ele perdeu a cabeça.

Maria do Céu Carmo – psiquiatra:
– Os antigos prisioneiros terão a alegria de se reencontrar para lembrar os anos de sofrimento.

Bento Ferreira – juiz:
– A polícia e a justiça são as duas mãos do mesmo braço.

Juliana Faria – TV Globo:
– O acidente fez um total de um morto e três desaparecidos. Teme-se que não haja vítimas.

Paulo Aguiar – TV Globo:
– O acidente foi no tristemente célebre Retângulo das Bermudas.

Lídia Moreno – Rádio Voz de Arganil:
– Quatro hectares de trigo foram queimados. Em princípio, trata-se de um incêndio.

João Cunha – testemunha de um crime:
– O velho reformado, antes de apertar o pescoço da sua mulher até a morte, suicidou-se.

médicos russos

O médico russo fala ao paciente:
– A operação vai sair por 3 mil dólares. Mas eu posso lhe dar um desconto se não fizer questão de amolar o bisturi.

A enfermeira diz ao cirurgião russo:
– Doutor, esta é a terceira mesa de operação que o senhor destrói esta semana. Por favor, não corte tão forte!

O cirurgião russo diz ao colega:
– E aí? Acabou aquela apendicectomia?
– Apendicectomia? Saco, pensei que era autópsia!

Um cirurgião russo conta ao colega:
– E a operação, foi bem?
– Foi muito bem, pelo menos até o paciente cair da mesa de operação...

Um psiquiatra russo falando ao outro:
– Estou tratando um paciente com dupla personalidade. Você acredita que o convênio dele reembolsa os honorários em dobro?

proibido x permitido

- Na Alemanha: tudo é proibido, exceto aquilo que é permitido.
- Na França: tudo é permitido, exceto aquilo que é proibido.
- Em Cuba: tudo é proibido, inclusive aquilo que é permitido.
- No Brasil: tudo é permitido, inclusive aquilo que é proibido.

Numa dessas estradas do interior do país, estava o motorista de um caminhão dirigindo tranquilamente quando passa por uma mulher supergostosa pedindo carona. Ele dá aquela freada, a mulher sobe, e ele segue viagem...

Lá pelas tantas, ele começa a dar em cima da mulher toda vez que passa as marchas, primeira, segunda, terceira, quarta, quinta, sexta e... perna da mulher.

Ela, então, fala:

– Salmo 39!!!

O caminhoneiro, assustado, recua. Mas não desiste e vai... primeira, segunda, terceira, quarta, quinta, sexta e... perna da mulher. E ela:

– Salmo 39!!!

Ele estranha e tira a mão.

Mas como é insistente, vai... primeira, segunda, terceira, quarta, quinta, sexta e... perna da mulher.

A mulher sempre respondia:

– Salmo 39!!!

O motorista encheu o saco e expulsou a gostosa do caminhão. Quando chegou ao seu destino, procurou uma Bíblia e foi consultar:

"Salmo 39: O Senhor está no caminho certo!"

Um grupo de agitadas estudantes saía do museu, e uma comentou com a outra:

– Puxa, você viu que pênis grande tinha aquela estátua grega?

– Vi, sim, mas o que me impressionou mesmo foi que era tão frio...

O cara acabou de pôr o carpete novo e vê que ficou um calombo no canto da sala.

Pensa em fumar um cigarrinho e relaxar, mas não acha o maço. Logo imagina o que aconteceu.

Cata o martelo e martela o calombo até sumir.

Vai até a cozinha e tem aquela surpresa: o maço de cigarros estava lá, inteirinho.

Nisso, a mulher começa a chamar:

— Bichano! Bichaninho! Cadê este gato preguiçoso?

Um viajante chegou na cidadezinha do interior e perguntou para o dono do bar onde poderia encontrar mulheres para ele se divertir.

O barman disse, então:

— Aqui nessa cidade não tem esse negócio de mulher, não. Aqui o que tem é um japonezinho que, de vez em quando, quebra o galho pra gente...

— Olha, eu topo, mas isto fica só entre nós três, tá?

— Entre nós três, não, tem que ficar entre nós sete...

— Ué, entre nós sete por quê?

— Precisa mais quatro pra segurar o japonês, porque ele não é bicha, não!!

Num ônibus um passageiro mascava chicletes sem parar. Ao lado dele havia uma velhinha que o observava atentamente.

Finalmente, ela não aguentou mais e disse ao mascador:

— É muita gentileza sua conversar com uma velhinha, mas o fato é que custo muito a ouvir, meu filho.

O gaúcho tinha fama de garanhão.

Certo dia, conseguiu levar a prenda novinha para uma noitada em certo motel.

O casalzinho já estava há várias horas no maior arreto, peladitos da silva, e nada do Bráulio do gaúcho se apresentar para cumprir com seu dever.

A garota já estava impaciente e a fama de garanhão começava a ruir.

Nervoso, o gaúcho decidiu que, pelo menos, não poderia perder sua fama de macho.

Levantou-se da cama, colocou o pau, mortão, em cima da cômoda, pegou as botas e começou a descer porrada no seu próprio instrumento.

A cada porrada o gaúcho macho aguentava aquela dor insuportável diante dos olhos deslumbrados da chinoca, e dizia para o pobre Bráulio:

— Isto é para tu aprenderes a não me deixar na mão. Onde já se viu?

No entanto, a cada sorriso da mulher, mais o gaúcho se entusiasmava, e suas porradas eram cada vez mais fortes.

Numa dessas a dor foi tanta que o gaúcho não aguentou e se soltou. Foi o maior peido da sua vida.

Não se abalando e tentando recuperar moral, ele, com o dedo indicador apontado para a própria bunda e com ares de quem prega moral de cuecas, falou pacientemente:

— Enquanto eu estiver ensinando um, o outro não se manifesta.

O pesquisador pergunta à dona de casa:

— A senhora costuma ter relações durante o dia?

— Sim, pelo menos três vezes por semana.

— E durante o ato, fala com seu marido?

— De jeito nenhum. Ele não gosta que eu fique ligando para o escritório dele.

G aúcho muito macho, com intestino preso há quatro dias, não aguentando mais as dores, visitou o médico.

O médico, vendo que o problema era simples, resolveu gozar com a cara do gauchão:

– É... Parece gravidez. Mas não se preocupe. Tome este vidro inteiro de purgante que seu problema fica resolvido.

O gaúcho, muito macho, ficou desesperado e tomou o vidro inteiro na hora!

Montou o valioso corcel e partiu para a estância.

No meio do caminho o purgante começou a fazer efeito e o gauchão não teve dúvida: desceu do cavalo, entrou pelo pasto e atrás de um mato arriou as calças, botando pra fora tudo o que tinha direito...

Só que ali estava um tatu, escondido, que levou toda a descarga em cima.

O coitado do tatu, assustado, saiu correndo por entre as pernas do gauchão e se foi pelo pasto afora.

O gauchão, vendo o tatu correndo, gritou:

– Volta guri, mamãe te ama!!!

N um elevador lotado, a mulher não aguenta mais de vontade de peidar.

Então, cata um jornal e "rasg!" – rasga o papel pra abafar o barulho bem na hora.

Mas o cheiro se espalha... e todo mundo olha pros lados.

O elevador sobe mais alguns andares, e a coitada sente outra vontade daquelas.

Ela cata outra folha de jornal e "rasg!"

Nisso, um senhor que presenciava tudo, em um canto, diz:

– Ô, Dona! A senhora não vai querer limpar o cu aqui, vai??

Um cara chega no banco e diz pra recepcionista:
– Eu quero abrir uma conta nesta merda de banco!
– O senhor, por favor, tenha mais respeito.
– Qual é o problema? É só uma bosta de conta!
– Se o senhor continuar com este linguajar, não abro nenhuma conta e ainda chamo o gerente!
– Pois pode chamar o viado do gerente.
A recepcionista chama o gerente e explica a situação:
– Este senhor está se comportando de maneira inapropriada neste banco!
E o gerente:
– Me diga cavalheiro. O que o senhor quer?
– Só abrir uma conta de merda neste banco. Eu ganhei 30 milhões na loteria e quero pôr tudo aqui.
– E esta puta da recepcionista está atrapalhando?

Um dia, a mulher do poeta resolveu pedir divórcio, de tanto o marido insistir no verso.

A jovem Manuela vai passar seu primeiro final de semana fora de casa.
Dona Joaquina, a mãe, está toda nervosa:
– Toma cuidado, ouviste, filha?
– Ele disse pra não se preocupar, que o nosso amor é platônico...
– Ai Jeesusss!
– Que é amor platônico, mãe?
E a Dona Joaquina:
– Sei lá, filha... Mas tu escovas bem os dentes, lava bem a buceta, passas vaselina no cu e... seja o que Deus quisere!!!

Um negão entrou numa loja de armas e, chegando ao balcão, pediu duas pistolas das mais modernas.

O atendente lhe disse que todas estavam vendidas.

– Então me dá um fuzil daqueles ali – disse o cara, apontando para a prateleira.

– Aqueles ali estão reservados para um cliente.

Já meio nervoso, pediu algumas balas de 38.

– Sinto muito, mas estamos sem estoque no momento – disse o balconista.

Muito puto da vida o negão foi pra casa e pediu pra um amigo ir comprar as armas porque o FDP do balconista era racista.

E lá se foi o amigo.

– Por favor, eu queria balas de 38.

– Pois não – disse o balconista se afastando para pegar.

E o cara:

– Me diga uma coisa, o que você tem contra preto?

– Ah, temos metralhadoras, fuzis, bazucas, granadas... o que quiser!

O camarada procurou um casamenteiro.

– Pode deixar que te arranjo uma noiva ótima. Mas preciso de pagamento adiantado.

Ele achou justo.

No dia marcado aparece a noiva.

Foi um susto.

Era a mulher mais feia do mundo, olho de vidro, peruca...

O freguês pediu o dinheiro de volta, falando baixinho no ouvido do casamenteiro.

E o casamenteiro:

– Não precisa ficar sussurrando no meu ouvido, não. Pode falar alto que ela é surda.

– Meu bem, faz 20 anos que estamos casados, vamos fazer "o jogo da verdade"?
– O que é isso?
– Vamos ser sinceros. Quantas vezes você me traiu?
– Mas que brincadeira besta, meu bem, isso não vai dar certo.
– Nós nos amamos, não é verdade? Vamos lá, vamos dizer tudo agora.
– Eu não gosto dessa brincadeira, mas tudo bem. Você começa.
– Pois bem, você lembra da professora boazuda do nosso filho?
– Seu cachorro! Você mentiu para mim! Você jurou que nada tinha acontecido entre vocês!
– Pois é. Aquele corpo foi todo meu.
– E depois?
– Você lembra da secretária do nosso dentista?
– Aquela loira com um corpo escultural?
– Pois é. Aquele corpo foi todinho meu.
– E depois?
– Aquela tua amiga de infância linda de morrer...
– Oh, não! Ela também?
– Pois é. Aquele corpo foi todinho meu.
– Seu sem vergonha...! Você sempre se defendeu dizendo que nunca tinha feito nada!

E o marido:

– Agora é você quem diz a verdade, quantas vezes você me traiu?
– Uma só.
– Puxa! Uma só?
– Pois é.
– Quem?
– Você está vendo o Corpo de Bombeiros, ali em frente de casa? Pois é... Aquele corpo foi todo meu...

— Me empresta o carro, papai?
 — Você só pensa em andar de carro? Pra que você tem dois pés?
 — Um pro freio e outro para o acelerador!!!

Estavam dois namorados dando um longo beijo.
 No fim desse beijo, diz a rapariga:
 — Zé, acho que fiquei com seu chiclete na minha boca.
 Ele responde:
 — Não é não... É que hoje estou com uma puta gripe...

pesquisa

Recentemente, um grupo de pesquisadores da Universidade de Harvard elaborou uma experiência que prometia revelar de uma vez por todas as diferenças entre o comportamento sexual dos diferentes povos do planeta. Foram escolhidas nove ilhas desertas e em cada uma delas foram colocados:

    2 italianos e 1 italiana
    2 franceses e 1 francesa
    2 ingleses e 1 inglesa
    2 japoneses e 1 japonesa
    2 argentinos e 1 argentina
    2 escoceses e 1 escocesa
    2 búlgaros e 1 búlgara
    2 americanos e 1 americana
    2 brasileiros e 1 brasileira

Depois de um mês de experiência, os pesquisadores voltaram às ilhas e verificaram o que tinha acontecido em cada uma delas. Eis o resultado:

- Um italiano matou o outro e ficou com a italiana.
- Os dois franceses e a francesa faziam sexo todo dia, em um gostoso *ménage à trois*.
- Os dois ingleses estavam esperando que aparecesse alguém para apresentá-los à inglesa.
- Os dois japoneses enviaram um fax para Tóquio e aguardavam instruções.
- Os dois argentinos faziam sexo todo dia (entre eles), enquanto a argentina lhes servia quitutes.
- Cada um dos dois escoceses abriu uma destilaria de coco em um dos lados da ilha e estavam muito bêbados para lembrar se faziam sexo ou não com a escocesa.

- Os dois búlgaros olharam para a búlgara, olharam para o mar, olharam para a búlgara, olharam para o mar e começaram a nadar.
- Nenhum dos dois americanos transou com a americana, mas já estavam respondendo judicialmente por assédio sexual.
- Cada um dos dois brasileiros achava que a brasileira estava transando só com ele.

cuidado!!!
a cerveja feminiliza o homem!

Um cientista americano sugeriu que os homens deveriam tomar mais cuidado com o consumo de cerveja, pois o resultado de uma recente análise revelou a presença de hormônios femininos na bebida.

A teoria é que beber cerveja faz os homens tornarem-se mulheres.

Para provar a teoria, foram dados a 100 homens cinco litros de cerveja para cada um.

Foi observado que:

- 100% dos homens ganhou peso (coisa de mulher).
- Começaram a falar excessivamente e coisas sem sentido (coisa de mulher).
- Tornaram-se altamente emocionais (coisa de mulher).
- Não conseguiam dirigir (coisa de mulher).
- Não conseguiam pensar racionalmente (coisa de mulher).
- Discutiam por besteira (coisa de mulher).
- Recusavam-se a pedir desculpas quando estavam errados (coisa de mulher).

mineiro filosofando...

- ☒ Oncotô?
- ☒ Quencossô?
- ☒ Doncovim?
- ☒ Proncovô?

tipos de orgasmo feminino

Asmática
– Ahhh... ahhh... ahhh...

Geográfica
– Aqui, aqui, aqui, aqui...

Matemática
– Mais, mais, mais, mais...

Religiosa
– Ai meu Deus, ai meu Deus...

Suicida
– Eu vou morrer, eu vou morrer...

Homicida
– Se você parar agora, eu te maaato!!!!!

Sorveteira
– Ai kibon, ai kibon, ai kibon...

Bióloga
– Vem, meu macho!!! Vem, meu macho!!!

Edipiana
– Meu pai do céu... Ai meu pai... Ai meu pai...

Professora de Inglês
– Ohhh... Yes!!! Ohhh... God!!!

Maluca
– Você tá me deixando doida... cê tá me enlouquecendoooo!!!

Viajante
– Eu vou... Eu vou... Ai... Tô chegando lá... vaiiii...

Descritiva
– Eu vou gozar, vou gozar, eu tô gozando, tô gozando... Gozeiiii!!!

Negativa
– Não... Não... Não...

Positiva
– Sim... Sim... Sim...

Pornográfica
– Me fode... Isso seu filho da puta... Me faz gozar, caralho!!!

Professora
– Sim... Isso... Por aí... Agora... Exato... Assim...

Sensitiva
– Tô sentindo... Tô sentindo...

Desinformada
– Ai, o que é isso? Que isso???

Margarina
– Que delícia, que delícia...

a vida sexual dos homens, de acordo com a idade

10 a 15 anos = MACACO (só descasca a banana)
16 a 20 anos = GIRAFA (só come brotinho)
21 a 30 anos = URUBU (come tudo que aparece)
31 a 40 anos = ÁGUIA (escolhe o que come)
41 a 50 anos = PAPAGAIO (fala mais que come)
51 a 60 anos = LOBO (persegue a Chapeuzinho, mas só come a vovozinha)
61 a 70 anos = CIGARRA (canta, canta, não come nada e só enche o saco)
71 a 80 anos = CONDOR (só sente dor)
81 em diante = POMBO (só faz sujeira)

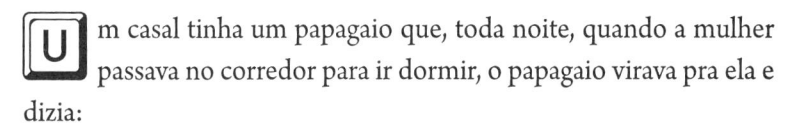

Um casal tinha um papagaio que, toda noite, quando a mulher passava no corredor para ir dormir, o papagaio virava pra ela e dizia:
– Já vai dar, hein, sua vaca!!!
Ela foi lá no quarto e contou para o marido, que não acreditou. Então, ela falou:
– Porque você não se veste de mulher e passa lá perto dele?
O marido põe o penhoar, passa batom na boca e passa no corredor. O papagaio, quando o vê, diz:
– Xiii... Além de corno também é viado...

Juvenal estava fazendo uns consertos com SuperBond quando se distraiu e o dedo indicador acabou colando no polegar, formando aquela "rodinha" bem conhecida.

Preocupado, Juvenal corre até a farmácia em busca de ajuda.

O pior é que a farmácia estava lotada de gente e Juvenal, então, com a mão no bolso pra disfarçar, vai até o balcão e chama o farmacêutico, que pergunta:
– Pois não, o que você deseja?
Juvenal, todo sem jeito, mostra a "rodinha" e diz:
– Dá pra descolar?
O farmacêutico, tremendo viadão, se surpreende.
– Mas agora, meu bem!? A farmácia está tão cheia!

A repórter vinha entrevistando as pessoas pela rua a respeito das coisas que elas mais gostavam.

Parou perto de um sujeitinho e perguntou:

– Qual a coisa que você mais gosta?

O elemento respondeu:

– Cu com leite condensado!!!

– Pombas, cara, seja mais discreto, nós estamos em transmissão direta.

O cara responde:

– Mas eu disfarcei, moça! Na realidade, eu detesto leite condensado...

Duas gêmeas casaram-se.

O marido de uma era católico fervoroso.

O da outra era malandragem pura.

Mas mandaram fazer casas geminadas, tudo igual, uma colada na outra.

Após a festa faltou luz, e na escuridão os recém-casados trocaram as mulheres por engano.

O marido rezador, antes de começar a noite de núpcias, foi fazer suas orações.

Após o terceiro terço e três ladainhas, a luz voltou e ele viu que a mulher estava trocada.

Dirigiu-se imediatamente à casa vizinha e explicou:

– Pois é, meu caro, fiquei fazendo as minhas orações. Aí, Deus ajudou e a luz voltou. Milagre de Deus, pois só então eu vi que trocamos as nossas mulheres...

O outro, ofegante, cabelo desalinhado, responde:

– É, amigo, só tem um problema: aqui ninguém rezou não.

Com muito custo, aquela família conseguiu juntar algum dinheiro e mandou a filha estudar em uma escola na capital.

Alguns meses depois, a moça retorna à casa da família com um carro novo, joias, casacos de pele etc...

A mãe dela, espantada, lhe diz:

— Mas, minha filha, como conseguiu tudo isso? Você saiu daqui com uma mão na frente e a outra atrás?

— Pois é, mamãe. Foi só tirar a mão da frente...

A coroa para o garotão:
— De que você mais gosta em mim: do meu rosto lindo ou do meu magnífico corpo???

— Do seu senso de humor!

Dizia sempre aos amigos:
— Acusam-me de ser um homem de duas caras. Agora eu pergunto: se eu tivesse outra, estaria usando esta?

O sargento foi à zona daquela cidadezinha do interior e logo pediu a melhor mulher.

Ela foi com ele até o quarto e ele perguntou:

— Minha bela, quanto é que você cobra para passar a noite com minha companhia?

E ela:

— Cinquenta reais.

O sargento foi até a janela e gritou:

— COMPANHIIIIIAAA, pode vir!!!

Um homem vai no quarto de seu filho para dar-lhe boa noite. O aroto está tendo um pesadelo.

O pai o acorda e pergunta se ele está bem.

O filho responde que estava com medo, porque sonhou que a tia Maria havia morrido. O pai garante que tia Maria está muito bem e manda-o de novo para a cama.

Mas, no dia seguinte, a tia Maria morre.

Uma semana depois, o homem volta ao quarto de seu filho para dar-lhe boa noite. O garoto está tendo outro pesadelo.

O pai o acorda e pergunta-lhe se ele está bem. O filho responde que estava com medo porque sonhou que o avô havia morrido. O pai garante que o vovô está muito bem e manda-o de novo para a cama.

No dia seguinte, o vovô morre.

Uma semana depois, o homem vai de novo ao quarto de seu filho para dar-lhe boa noite.

O garoto está tendo outro pesadelo.

Desta vez o filho responde que está com medo porque sonhou que o papai havia morrido.

O pai garante que ele está muito bem e manda-o de novo para a cama.

Mas o homem vai para a cama e não consegue dormir.

No dia seguinte ele está apavorado – tem certeza de que vai morrer.

Ele sai para o trabalho e dirige com o maior cuidado para evitar uma colisão.

Não almoça por medo de sua comida estar envenenada.

Ele evita todo mundo, com medo de ser assassinado.

Tem um sobressalto a cada ruído, e a qualquer movimento suspeito ele se esconde debaixo de sua mesa. Ao voltar para casa, desabafa com sua esposa:

– Meu Deus, tive o pior dia de minha vida!

Ela responde:

– Você acha que foi ruim? Imagine você que o leiteiro morreu aqui, na porta de casa hoje de manhã...

Dois canibais conversando:
— Eu não sei mais o que fazer com a minha mulher!
— Se você quiser, posso lhe emprestar meu livro de receitas!

Um certo dia, um homem e uma mulher entram no elevador. Ela aperta o nº 2 e ele o nº 5.
Então ela diz:
— Você não está aqui para doar sangue, não é?
Ele responde:
— Não. Estou aqui para doar esperma.
Chegando no segundo andar, a mulher diz:
— Eu recebo 100 reais por cada doação.
O homem responde:
— Eu recebo mil!
Passado mais ou menos um mês, os dois voltam a se encontrar no elevador. A mulher aperta o nº 5. O homem achou aquilo estranho e perguntou:
— Olha, você não apertou o andar errado?
Ela respondeu negativamente mexendo a cabeça, com a boca cheia, sem poder falar...

Um pai estava preocupado, pois sua filha não havia revelado sua precária condição cardíaca para o futuro marido.
Na primeira chance que teve, o pai chamou seu futuro genro para uma conversa privada:
— Não sei se você sabe, mas minha filha tem uma angina profunda.
Respondeu o futuro genro:
— Claro!... E o cu também...

A mulher teve trigêmeos e uma de suas amigas foi visitá-la:
— Adelaide, que coisa mais linda! Trigêmeos... parece milagre!
— Foi um milagre, mesmo. Imagine que o médico me contou que isso só acontece uma vez em cada 2.675.000 tentativas.
— Não me diga! E como é que você ainda arranjava tempo para arrumar a casa, fazer compras...

Tinha acabado de entrar o horário de verão.
Estava a velhinha, que não entendia porra nenhuma disso, com a netinha no ponto de ônibus.
Perto, dois caras conversando.
Um pergunta para o outro:
— João, que horas são?
— Três na nova e duas na velha!
E a velha:
— E cinco na sua mãe, seu cafajeste!

O anão chegou na padaria cheio de sede e pediu uma Fanta.
Mas como ele não alcançava o balcão da padaria, ninguém via o anão.
Aí ele deu um pulo e pediu:
— Ei, me dá uma Fanta!!!
E nada. Ninguém falava nada.
Ele continuou pulando e gritando:
— Ei, alguém me dá uma Fanta!!!
Ficou um tempão assim, até que ficou puto e resolveu entrar atrás do balcão e procurar alguém lá dentro.
Quando ele olhou atrás do balcão, viu outro anão pulando e gritando:
— Uva ou laranja? Uva ou laranja?

O executivo de uma multinacional entrevista uma garota gostosíssima, candidata ao cargo de secretária.

Ele vai lendo a ficha e perguntando:

– Nome?
– Suzy.
– Idade?
– Vinte anos.
– Instrução?
– Universitária.
– Experiência?
– Três anos.
– Sexo?
– Se o salário for bom...

— Muito bem, pessoal – grita São Pedro. – Vamos organizar isso em duas filas. Vocês homens que sempre dominaram suas mulheres, façam fila aqui à esquerda. E os homens que sempre foram dominados por suas mulheres façam fila à direita.

Depois de muita bagunça, finalmente os homens estão em fila. A fila dos homens dominados por suas mulheres tem mais de 100 quilômetros.

A fila dos homens que dominavam suas mulheres tem apenas um fulano.

São Pedro está chateado:

– Vocês deveriam ter vergonha! Deus criou vocês à Sua imagem e vocês se deixaram dominar por suas mulheres.

Apenas um de vocês honrou o nome e deixou Deus orgulhoso de Sua criação. Aprendam com ele!

Então, virando-se para o homem solitário, São Pedro diz:

– Conte a esses homens como você fez para ser o único nesta fila!

– Eu não tenho certeza – explica o homem. – Minha mulher me mandou ficar aqui.

N a era medieval, um rei queria casar sua filha.
Mas queria um homem corajoso.

Resolveu criar um desafio: mandou construir um fosso e colocou vários crocodilos.

E fez o desafio:

– Aquele que entrar no fosso e sair com vida desposará minha filha!

Nisto um rapaz pula lá dentro.

Briga daqui, corre para um lado, corre para o outro lado e consegue sair, todo ferido, mas com vida.

O rei chega perto do jovem e lhe parabeniza, e lhe diz que qualquer desejo lhe seria atendido.

– Qual é o seu primeiro desejo?

– Majestade, eu só quero saber quem foi o filho da puta que me empurrou dentro do fosso!

U ma senhora, bem velhinha, vai ao médico para um exame.
Terminado, o médico recomenda maior atividade sexual, tipo três vezes por semana.

Ela diz:

– Acho melhor o senhor dizer isso a meu marido.

O médico vai até a sala de espera e diz ao marido:

– Sua esposa precisa ter relações sexuais três vezes por semana.

O marido, mais de 80 anos, pergunta:

– Que dias?

O médico, paciente, responde:

– Segunda, quarta e sexta.

O marido diz:

– Eu posso trazê-la na segunda e na quarta, mas sexta-feira eu não posso, por causa do rodízio!

Três escoteiros comunicaram ao chefe que já haviam praticado a sua boa ação do dia.

– Ajudamos uma velhinha a atravessar a rua – disseram-lhe.

– Isso foi uma boa ação – declarou o chefe, sorrindo satisfeito. – Mas por que foram necessários vocês três para ajudá-la a atravessar a rua?

– Porque ela não queria atravessar de jeito nenhum!

Um executivo brasileiro está no Japão para abrir o mercado para seus produtos.

De noite, sem ter nada para fazer, ele chama uma garota de programa. Ela chega no seu quarto, começam as brincadeiras e rapidamente passam às coisas sérias.

Durante a sessão, a japonesa não para de berrar:

"Machigau ana, machigau ana."

Nosso executivo não fala nada de japonês, mas este não é o momento de pegar o dicionário.

Como ela grita muito alto, ele imagina que ela o está elogiando pela performance.

Alguns dias depois ele volta para casa.

Passa um tempo e a empresa com quem ele negóciou no Japão manda um executivo para continuar os acordos comerciais. No fim de semana ele fica sabendo que o japonês gosta de golfe, e o leva para jogar.

O japonês é muito bom, e nosso executivo resolve elogiá-lo no seu próprio idioma:

– Machigau ana.

O japonês responde:

– Como assim, buraco errado?

A pós enfrentar uma enorme fila num hospital, a **velhinha** consegue chegar até a recepcionista:
– Sinto muito, senhora! Consulta agora só para daqui a um mês!!!
– Mas nessa altura eu já morri...
– Nesse caso, peça para o seu marido ligar, desmarcando.

J oãozinho volta para casa com um bilhete da professora:
"Joãozinho é um menino muito inteligente, mas ele passa o tempo todo pensando em garotas e sexo."

A mãe responde com outro bilhete:

"Professora, se a senhora encontrar uma solução, por favor conte-me qual é. Tenho o mesmo problema com o pai dele."

O gerente chama o empregado recém-admitido a sua sala.
Ele inicia o diálogo:
– Qual é o seu nome?
– João – responde o empregado.
– Olha – explica o gerente —, eu não sei em que espelunca você trabalhou antes, mas aqui nós não chamamos as pessoas pelo seu primeiro nome. É muito familiar e pode levar à perda de autoridade. Eu só chamo meus empregados pelo sobrenome: Ribeiro, Matos, Souza... Só. E quero que o senhor me chame de Sr. Mendonça. Bem, agora quero saber: qual é o seu nome?

O empregado responde:
– Meu nome é João Amorzinho.
– Tá certo, João. O próximo assunto que eu quero discutir...

Terminada a festa de casamento, o casal enfrenta uma longa viagem, até que finalmente chegam ao hotel onde iriam passar a lua de mel. O noivo, que tinha feito questão de preservar sua noiva até aquele momento, está excitadíssimo.

Mas, assim que ela saiu do chuveiro, ele achou que havia alguma coisa errada.

– Que foi, minha querida, aconteceu alguma coisa?
– Sabe amoreco... preciso te confessar uma coisa...
– O que é?

Ela baixou os olhos, constrangida:

– É que antes de a gente se conhecer, eu... eu...
– Você o quê? Diga logo! – Disse ele, impaciente.
– Eu fazia strip-tease em uma boate!

O noivo ficou vermelho de raiva e esbravejou:

– Essa não! Eu jamais seria capaz de imaginar que você pudesse fazer uma coisa dessas! Que descaramento, que falta de vergonha! Não posso acreditar! Você, minha princesinha, dançando pelada diante de uma plateia! Isso não pode ser verdade! Olha, meu bem, sinceramente, eu preferiria mil vezes que você tivesse sido uma prostituta!

– É mesmo? Então, nesse caso eu tenho uma boa notícia para te dar...

marketing

Você está em uma festa e vê uma garota bonita. Você se aproxima e diz:
- – Sou muito bom de cama.
- ☒ Isto é Marketing Direto.

Você está em uma festa com amigos. Lá tem uma garota muito bonita e um dos seus amigos se aproxima dela e diz:
- – Aquele rapaz ali é muito bom de cama!
- ☒ Isto é Publicidade.

Você está em uma festa e vê uma linda mulher. Consegue o número de telefone dela, liga no dia seguinte e diz:
- – Eu sou muito bom de cama!
- ☒ Isto é Telemarketing.

Você está em uma festa e reconhece uma garota com a qual você já saiu. Você se aproxima e diz:
- – Se lembra como eu era bom de cama?
- ☒ Isto é Customer Relationship Management.

Você vai a uma festa e vê uma garota atraente do outro lado da sala. Você chega perto dela com a melhor roupa, usa o melhor perfume, dá o melhor sorriso e começa a conversar. É supereducado, anda com charme, abre a porta para as mulheres. Depois olha para ela e diz:
- – Oi, sou muito bom de cama.
- ☒ Isto é Hard Selling.

Você está em uma festa e vê uma garota atraente. Você se levanta, chega perto dela, chama alguns amigos, apresenta todos, conta piadas, fala de política, bebe um pouco e depois diz:
– Procure sempre se lembrar que sou muito bom de cama!
☒ Isto é Relações Públicas.

Você vai a uma festa e vê uma garota atraente do outro lado da sala. Ela vem até você e diz:
– Oi, ouvi dizer que você é muito bom de cama.
☒ Isto é o poder da MARCA!

Você está em uma festa e vê uma garota bonita. Você chega para um amigo e diz:
– Diga àquela garota que eu quero sair com ela.
☒ Isto é Empowerment.

Você está em uma festa e vê uma garota bonita. Você chega para um amigo e diz:
– Esta menina não é nada se comparada à minha noiva!
☒ Isto é Benchmarking.

Você está em uma festa e vê várias mulheres lindas, entre elas uma chinesa, uma africana, uma sueca e uma índia.
☒ Isto é Globalização.

Você está em uma festa e vê uma mulher bonita. Você chega perto dela e pergunta:
– Tem automóvel? Mora em casa própria? Qual seu trabalho? Quanto ganha?
☒ Isto é Pesquisa de mercado.

seis fases de um projeto

1. Entusiasmo.
2. Desilusão.
3. Pânico.
4. Busca dos Culpados.
5. Punição dos Inocentes.
6. Honra e Glória aos não participantes.

diferenças de interpretação (como a mulher vê um fato e como ela o interpreta):

SE FOR SÓ UM AMIGO: **SE FOR CASADO COM ELA:**

Divertido   Ridículo
Mão aberta   Trouxa
Gourmet   Guloso, só pensa em comida
Atencioso   Está paquerando as outras
Ombro amigo   Muro de lamentações das outras
Todas o adoram   Se acha muito engraçadinho
Faz o que lhe dá na cabeça   Só me faz passar vergonha
Calmo e de cabeça fresca   Não sabe o que quer da vida
Sabe usar o dinheiro   Não sabe guardar um tostão
Manda flores lindas   Nem sabe que flores eu gosto
Está preocupado   Está chato e sem assunto
Repara nas mulheres   Não pode ver um rabo de saia que já fica babando

Veste-se com individualidade   Não tem noção de ridículo
Leva um papo legal   Está enchendo o saco
Vem pedir conselho   Não sabe fazer nada sozinho
Sempre tem um presentinho   Só sabe comprar porcaria
Importa-se com todos   Não me dá a mínima atenção
Reserva um tempo para si   Nunca tem um tempinho pra mim

Não deixa barato   É um estúpido
Gosta de uma boa discussão   Está sempre me agredindo

Ficou um tempão na fila	Demorou tanto para comprar só isso
Faz atualização técnica	Compra sempre as mesmas revistas e livros
Respeita-me quando estou irritada	Nem liga quando mais preciso dele
Dá valor a sua família	Eu não significo nada para ele
Sabe impor sua opinião	Fica implicando
É decidido	Age sem pensar
Distraído	Incompetente
Ouve os outros	Não tem opinião própria
Concorda comigo	Sabe que está errado
Faz um elogio	De vez em quando reconhece
Chega em cima da hora	Está sempre atrasado
É desapegado	Não cuida das suas coisas
Cavalheiro	Machista
Tem ideias avançadas	É um irresponsável
Dá-se bem com a sogra	Finge que gosta da sogra
Liga toda semana	Só me liga uma vez por semana
Cuida bem do carro	Gosta mais do carro do que de mim
É bem sociável	Gosta de ficar batendo papo furado
Sempre faz algo novo	Deixa tudo pela metade

mentiras de carioca

1. Passa lá em casa! (mas não dá o endereço)
2. Me liga! (mas não dá o telefone)
3. A próxima conta é minha!
4. Eu adoro paulista
5. ... e o mais incrível é que o Romário é humilde!

Uma mulher acaba de ter um filho.
     O médico pega a criança pelos pés e dá-lhe uma palmada.
A criança não reage.
Então o médico, agarrando a criança pelos pés, começa a bater o bebê contra a parede.
A mãe, desesperada, começa a gritar:
– Aahh!! Não faça isso!!!
E o médico continuava: bate contra a parede, pontapés na criança etc.
A mãe gritava ainda mais:
– Assassino!! Vai matar meu filho!!!
Até que o médico para, começa a rir e diz para a mãe do bebê:
– He... he... he, eu estava só brincando. Ele nasceu morto!

Um sujeito era tão paranoico com o tamanho do seu pênis que nunca teve coragem de transar.
Mas acaba se apaixonando por uma enfermeira.
Um dia eles estão indo para a casa dela.
Ela põe uma música romântica e leva-o para o quarto.
Totalmente apavorado, ele lhe conta seu problema.
– Não liga não – diz ela. – Sou uma enfermeira, e não vou dar risada.
Ele baixa as calças
– Ora, meu bem – diz ela. – Eu vi pintos bem menores do que o seu!
– Sério? – Responde ele, espantado, mas aliviado.
Ela confirma com um sinal de cabeça e complementa:
– Sério. Eu trabalho no berçário.

O sujeito chama a filha para uma conversa séria:

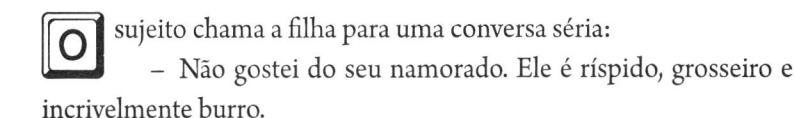

– Não gostei do seu namorado. Ele é ríspido, grosseiro e incrivelmente burro.

– Ah, meu pai! – Responde a menina. – O Roberto é muito mais inteligente do que você pensa: faz apenas 9 semanas que estamos saindo e ele já me curou daquele sangramento que eu tinha todo mês.

O sujeito foi num psicólogo porque a mulher batia nele e toda a vizinhança o via como um frouxo.

O psicólogo, então, diz:

– Mas é muito simples resolver isso! Toda vez que você estiver apanhando, basta ficar gritando: "Tome! Tome!", que todos os vizinhos vão associar o barulho dos socos e tapas com a sua voz e vão achar que é você quem está batendo.

O cara gostou da ideia e na primeira oportunidade resolveu colocá-la em prática.

Chegou em casa tarde e assim que a mulher lhe deu a primeira pancada, ele berrou:

– Tome! Tome sua sem vergonha...

Ao ouvir isso, a mulher começou a bater cada vez mais e o cara gritava cada vez mais alto.

Até que uma hora ela se encheu e jogou-o pela janela do 18° andar. Antes de chegar ao chão, ele ainda gritou:

– E agora eu vou me embora e você nunca mais me procure!

E aquela coisinha confessou ao padre:

– Padre, acho que meu único pecado grave é que nunca uso calcinha debaixo da saia rodada, porque gosto do ventinho.

– Ah, minha filha, isto não é pecado grave; a penitência vai ser dar três cambalhotas na frente do confessionário!

O padre chamou o sacristão no confessionário e pediu que se ajoelhasse. De dentro, perguntou:
– Quem anda bebendo o vinho do padre?
O sacristão, esperto como ele só, respondeu:
– O quê?
O padre, paciente, voltou a perguntar:
– Quem anda bebendo o vinho do padre?
Novamente houve a mesma indagação:
– O quê?
Depois de repetir a pergunta umas 15 vezes, o padre perdeu a paciência e começou a gritar.
Mas o sacristão disse:
– Sabe o que é, seu padre? Aqui de fora não se escuta nada. Venha aqui e verifique pessoalmente. Vamos trocar de lugar...
E assim foi feito.
De dentro do confessionário, o sacristão indagou:
– Quem está comendo a mulher do sacristão?
– O queê? – Retrucou o padre.
– Quem está tentando comer a mulher do sacristão?
– É, meu filho, você tem razão, realmente daqui de fora não dá para escutar nada!

Um casal de chineses recém-casado, ele garçom, vai pra lua de mel.
Ela tira a roupa e fica na cama, esperando o marido.
Este, todo amoroso, diz:
– Meu amor, eu te amo. Faço qualquer coisa por você! Diga-me o que você quer?
Ela responde:
– Eu quero... 69!
– O quê? Bife com brócolis?

Dois casais estão jogando baralho.

De repente, João deixa cair umas cartas no chão.

Quando ele se dobra para baixo da mesa para pegar as cartas, nota que a mulher do Pedro não está usando calcinha.

Embaraçado, João bate a cabeça na mesa e se levanta com certo rubor nas faces.

Mais tarde, João vai à cozinha para pegar uma cerveja e a mulher do Pedro o segue.

Ela pergunta:

– Você viu algo interessante debaixo da mesa?

João admite que sim, e ela continua:

– Pode ser seu, por apenas 100 reais!

João pensa um minuto, e diz que está interessado.

Eles combinam de se encontrar às 14h da sexta-feira seguinte, quando Pedro estará no escritório, e João de folga.

Na sexta-feira, João vai à casa do Pedro e, depois de uma sessão de sexo como fazia tempo ele não tinha, paga à mulher os 100 reais combinados.

Às 18h Pedro chega em casa e pergunta à mulher:

– João esteve aqui hoje à tarde?

Relutantemente, a mulher dele responde que sim.

– E ele lhe deu 100 reais?

"Meu Deus! Ele sabe!", pensa ela. E finalmente diz:

– Sim, ele me deu.

– Ah, bom! – Responde Pedro. – Ele foi no meu escritório hoje e me pediu emprestado 100 reais, e disse que devolveria hoje à tarde, ao passar aqui em casa.

A tremenda loura dirige pela estrada com velocidade excessiva. O polícial para e diz:

– A senhorita estava a mais de 150 por hora... Deixe-me ver seus documentos.

Responde ela:

– Sabe o que é, seu guarda... Eu esqueci meus documentos em casa...

O guarda, sacana, olha bem, analisa a situação e bota o pau para fora, dizendo:

– Bem, existe uma maneira de resolver esta situação...

Diz a loura:

– Oh! Não! Bafômetro outra vez!

O machão casou com uma virgenzinha. Aí foi para a lua de mel todo confiante.

Chegou no quarto, abriu a braguilha, apontou para o próprio pênis e disse para a noivinha:

– Você já viu um igual a este, amorzinho?

A recém-esposa fez que não com a cabeça.

– Você sabe o nome dele?

Novamente ela faz que não com a cabeça.

Então ele explica:

– É um pênis, queridinha...

Aí ela responde rapidamente:

– Aah! Já sei! É que nem um caralho, mas só que pequenininho.

O sujeito bate na porta de uma casa e assim que um homem abre ele diz:

– O senhor poderia contribuir com o Lar dos Idosos?

– É claro! Espere um pouco que eu vou buscar a minha sogra!

A turca apertou a barriga enquanto pôde, até que não deu e teve que confessar a gravidez.

Perguntou o pai:

– Guem fez isso bra você, filinha? Guem engravidou você?

– É, babai... Foi o Faruk, seu amigo.

– Aquele filho da buta. Eu vai mata ele.

Ele meteu o revólver na cintura e foi procurar o Faruk. Chegou na loja do Faruk e falou:

– Filho da buta, você engravidou meu filha, agora eu vai mata você.

– Carma Habib... Bra que violência? Já chega violência na Líbano. Bra que, agora, vai fazer violência? Olha, eu vai resolver brublema brucê... Taqui um milhão de reais bra bota na boubança. Quando criança cresce, já tem futuro garantida.

E o Habib abaixou a arma, dizendo:

– Descurpa, Faruk, eu estava muito nervosa...

Só que quando ia embora, se arrependeu e voltou. Apontou o revolver outra vez e falou:

– E se nasce gêmeos?

– Bronto, rasga este cheque e leva outro de dois milhões bro futuro das crianças.

O turco abaixou a arma e ia indo embora, só que mais uma vez se arrependeu e voltou.

– E se nasce trigêmeos? – diz, apontando a arma.

– Bronto, rasga este cheque e leva outro de três milhões.

– Descurpa, Faruk... Sabe, eu muito nervosa...

Dali a pouco o Habib volta com a arma em punho.

– Escuta, Faruk, se criança nasce morta, você dá nova obortunidade bra meu filha?

Aquela tartaruguinha subiu com muito sacrifício até o galho mais alto da árvore, abriu as patinhas da frente como se fosse voar e pulou.

Poft! Direto de cara no chão.

Pacientemente voltou a subir até a posição anterior e outro poft!

Na quinta vez que ia lançar-se, a Mamãe Pássaro disse para o Papai Pássaro:

– Acho bom a gente contar que ela foi adotada!

João e Maria eram casados.
Um dia Maria saiu de casa e voltou umas 3 da manhã.

João começou a mexer nas coisas de Maria e encontrou um colar de diamantes.

– Maria, o que é isso?
– Ganhei no bingo.

João não quis acreditar, mas engoliu a desculpa.

No outro dia, Maria chegou tarde e novamente com uma joia. João voltou a perguntar onde ela tinha conseguido.

– É minha semana de sorte.

João ficou indignado. Mais indignado ficava quando ela chegava a cada dia com uma joia e falava que havia ganhado no bingo.

Um dia, Maria estava tomando banho para sair e acabou a água.

– João, traz água pra eu acabar de tomar banho.

João veio com a água em um copo e entregou para ela, que retrucou:

– Mas como eu vou me lavar só com um copinho d'água?

João respondeu:

– Lava só a cartela!!!

O cardeal liga para o Papa:
— Tenho boas e más notícias para Vossa Eminência!
— Qual é a boa notícia? – Pergunta o Papa.
— Jesus voltou à Terra! – Exclama o cardeal. – Ele está no telefone e quer falar com Vossa Eminência.
— E qual é a má notícia? – Pergunta o Papa.
O cardeal responde:
— Ele está ligando da TV Record.

"Pois é", reclamava Maria à sua mamãe, "o Manoel pula tanto a cerca que já não sei mais se minha última filha é mesmo filha dele!"

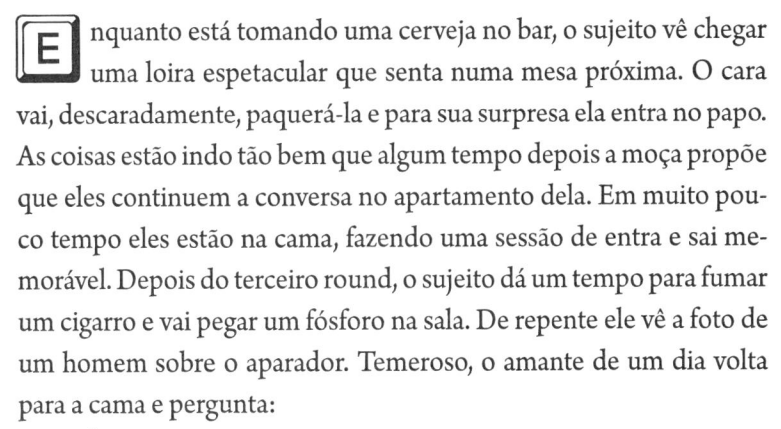

Enquanto está tomando uma cerveja no bar, o sujeito vê chegar uma loira espetacular que senta numa mesa próxima. O cara vai, descaradamente, paquerá-la e para sua surpresa ela entra no papo. As coisas estão indo tão bem que algum tempo depois a moça propõe que eles continuem a conversa no apartamento dela. Em muito pouco tempo eles estão na cama, fazendo uma sessão de entra e sai memorável. Depois do terceiro round, o sujeito dá um tempo para fumar um cigarro e vai pegar um fósforo na sala. De repente ele vê a foto de um homem sobre o aparador. Temeroso, o amante de um dia volta para a cama e pergunta:
— É teu marido na foto?
— Que nada, bobinho – diz a moça o abraçando.
— Teu namorado? – Continua o sujeito
— Deixa de besteira – responde ela, mordendo-lhe a orelha.
— Então quem é?
A loira responde:
— Eu, antes da operação.

A mulher ia se casar e estava em pânico porque seu noivo achava que ela ainda era virgem. Uma amiga indicou um médico de confiança e que sempre dava um jeitinho nessas coisas. Lá chegando, a moça explicou tudo para o médico que, após alguns minutos, resolveu o problema.

Ao sair ele recomendou:

– No dia seguinte da lua de mel, quero que você venha aqui no consultório!

Passada a lua de mel, a mulher voltou ao consultório e com os olhos cheios d'água disse:

– Doutor, o senhor foi maravilhoso, deu tudo certo. Saiu uma quantidade enorme de sangue na hora!

E o médico:

– Ótimo, agora vamos lá dentro pra eu tirar a gilete!

questões fundamentais do direito

- Quem é canhoto pode prestar vestibular para direito?
- Levar a secretária eletrônica para a cama é assédio sexual?
- Dizer que gato preto dá azar é preconceito racial?
- Com a nova lei ambiental, afogar o ganso passou a ser crime?
- Homossexual é o sabão em pó que serve para lavar os órgãos genitais? Em caso positivo, será que serve para lavar a vara cível?
- Cabe recurso adesivo no absorvente da mulher ativa?
- Pessoas de má-fé são aquelas que não acreditam em Deus?
- Qual a capital do estado civil?
- Defeito oculto da coisa é um japonês de cueca?
- Quantos quilos por dia emagrece um casal que optou pelo regime parcial?
- A esposa que se recusa a sua obrigação de dar é inadimplente? E ela pode alegar justa causa?
- O nu-proprietário tem direito a caução?
- A prostituta tem obrigação de dar ou de usar e gozar?
- O objeto de trabalho das prostitutas deve ser considerado um órgão público ou um órgão privado?
- Tem algum direito a mulher em trabalho de parto sem carteira assinada?
- A gravidez da prostituta, no exercício de suas funções, caracteriza acidente do trabalho?
- Seria patrocínio um assassinato do patrão?
- Cabe relaxamento de prisão nos casos de prisão de ventre?
- A teoria do Tipo foi elaborada pela Fiat ou pela Chevrolet?
- A marcha processual tem câmbio manual ou automático?
- Provocar o judiciário é xingar o juiz?
- Podemos dizer que a vida processual é cheia de autos e baixos?

- Se um motel funciona somente das 8 às 18 horas, podemos dizer que ali só ocorrem transações comerciais?
- Se enfiarmos o dedo na tomada de preços dá choque?
- Será que a Câmara dos Deputados possui flash?
- Para que ocorra um tiro a queima roupa é preciso que a vítima esteja vestida?
- O filho do bispo Edir Macedo será um herdeiro universal?
- Será que a Mãe Dinah conhece a teoria da imprevisão?
- Quando uma prostituta usa uma camisinha durante o ato sexual, podemos dizer que ocorreu uma legítima defesa putativa?
- Qual a influência da macumba no despacho saneador?
- O infanticídio ocorre quando uma mãe dá para seu filho uma fanta envenenada?
- O Superior Tribunal de Justiça tem esse nome porque fica no último andar do edifício?
- Analogia é a ciência que estuda a vida das Anas?
- Leis concretas são aquelas elaboradas por pedreiros?
- Testamento cerrado é aquele em que os filhos herdam dos pais algumas fazendas no interior de Goiás ou Mato Grosso?
- Bens móveis são os fabricados em marcenarias?
- O "arroz com feijão" pode ser considerado uma receita pública?
- Direito penal é aquele que trata das relações entre aves?
- Queimadura de terceiro grau é aquela que ocorre no curso universitário?
- Contrato bilateral é aquele celebrado entre o lateral direito e o esquerdo?
- Signatários são os caras que inventaram o horóscopo?
- Para que ocorra uma prisão de ventre é necessário haver flagrante?

O bêbado estava no bar enchendo o saco de todo mundo.
O dono do bar não via a hora de ele ir embora quando de repente o bêbado falou:
– Tchau!
O dono, aliviado, falou:
– Até que enfim... Vai com Deus!
O bêbado começou a descer a escada do bar e levou um puta tombo. Levantou e resmungou:
– Ô Deus! Quer vir comigo, vem, mas não empurra.

Um belo dia apareceu um gato todo estropiado na porta da casa do Joaquim e ele foi ficando, ficando, até que a Maria começou a reclamar:
– Joaquim, faz favoire de dar um sumiço nesse gato – reclamou a Maria, certo dia. – Eu não suporto esse animal!
O Joaquim pôs o gato no carro e, a caminho do trabalho, o largou em uma rua qualquer. Mas, para sua surpresa, quando voltou para casa no final da tarde, lá estava o gato novamente. No dia seguinte, ele repetiu a façanha, mas tomou o cuidado de largar o gato muito mais longe.
Ao voltar para casa, o gato já estava esperando por ele.
No outro dia ele pegou o gato, colocou-o no carro, pegou uma estrada, andou umas duas horas por ela, depois pegou outra estrada, andou mais outro tanto de horas, depois pegou um atalho, e mais outro e mais outro e quando já estava anoitecendo ele largou o gato na beira de um riacho. Dois dias depois ele liga para a Maria:
– Maria, o gato já voltou?
– Já, sim, Joaquim, está aqui do meu lado!
– Então coloque o bichano na linha para ele me explicar o caminho de volta pra casa...

M anoel já estava há horas trancado no banheiro.
A mulher, esmurrando a porta, pergunta:
– Ó Manuel, tu estás te sentindo bem? Por que demoras tanto?
– É que aqui não tem papel higiênico...
– Mas, Manoel! Por acaso tu não tens língua?
– É claro que eu tenho, mas não sou contorcionista!

H ouve uma guerra nuclear e o mundo acabou.
Com o acontecimento, São Pedro ficou transtornado, pois a quantidade de pessoas para entrar no céu era imensa.

Depois de muito pensar, resolveu separá-las em zonas, colocando placas indicativas:

BURROS – INTELIGENTES – SÁBIOS

Com a confusão reinante, lá foi a loura, colocada por engano de São Pedro, entre os sábios.

Depois de algum tempo e passada a confusão, São Pedro resolveu ver como estavam se portando os hóspedes.

Encontrou a loura sentada em uma pedra, diante do sábio chinês Confúcio, que dizia desesperado:

– Pelo Amor de Deus! É a última vez que eu repito:
PLATÃO não é aumentativo de prato;
ENCÍCLICA não é bicicleta de uma roda;
EPÍSTOLA não é feminino de apóstolo;
CRISTÃO não é um Cristo grande;
EUCARISTIA nada tem a ver com o custo de vida;
ANNUS DOMINNI não é o cu do Papa;
JESUS CRISTO não morreu de gonorreia e sim na Galileia.
E antes que me esqueça... PAFÚNCIO é a puta que te pariu!!

Um casal interrompeu as férias para ir ao dentista.

Disse a mulher:

– Quero que arranque um dente e não quero anestesia, porque estou com muita pressa.

O dentista ficou bastante impressionado.

– A senhora é muito corajosa – disse ele. – Qual é o dente?

A mulher virou-se para o marido e disse:

– Mostra-lhe o dente, querido.

A esposa ciumenta pergunta:

– Você pode me explicar esta mancha de batom no colarinho?

O marido responde:

– Não, querida... Eu tinha certeza que havia tirado a roupa!

Um rato corre desesperadamente pela casa, com um gato em seu encalço.

Para sua sorte, o pequeno roedor encontra um buraco no rodapé da cozinha e se esconde lá dentro.

Depois de algum tempo de silêncio absoluto, o rato ouve latidos do lado de fora e pensa:

"Graças a Deus! Apareceu um cachorro e espantou o gato!" E sai do buraco.

Imediatamente, é apanhado pelo gato.

Assustado, o rato pergunta:

– Mas como você pode estar aqui ainda, se eu acabei de ouvir os latidos de cachorro?

Responde o gato:

– Ah, meu caro, hoje em dia, quem não fala dois idiomas está perdido.

U m cara meio fracote pega o elevador.
Junto entra um puta negão, imenso!
O cara fica meio assustado e olha o negão de cima a baixo. O negão percebe e fala:
– Dois metros de altura, 180 quilos, pau com 30 centímetros, o saco pesa três quilos, Felipe Costa, seu criado.
O cara desmaia, no ato!
O negão, então, dá uns tapas na cara do coitado, o acorda e pergunta:
– O que houve, cara, porque você desmaiou?
O cara, ainda meio desacordado responde:
– Desculpe, o que você disse?
– Eu só quis ser gentil com você... Eu disse: dois metros de altura, 180 quilos, pau com 30 centímetros, o saco pesa três quilos, Felipe Costa, seu criado.
– Ah! Graças a Deus... Eu entendi: Fique de costas, seu veado!

D iz o dentista ao cliente:
– Não precisa abrir tanto a boca!
– Mas o senhor não vai colocar a broca?
– Vou, mas eu fico do lado de fora...

O marido chegou em casa inesperadamente e ficou desconfiado ao entrar no quarto e encontrar um charuto fumegante no cinzeiro. Perguntou para a mulher, asperamente:
– De onde veio esse charuto?
– Da Bahia – respondeu uma voz masculina, de dentro do guarda-roupa.

O cara chega no céu.
São Pedro lhe atende e diz:
– Deixe-me ver... Hum... Você praticou muito poucas boas ações em sua vida...
– De jeito nenhum – responde o cara. – Fiz muitas boas ações!
São Pedro, então, pergunta:
– Ah! Você pode me contar pelo menos uma?
– Claro. Por exemplo, eu vinha voltando do trabalho quando vi um grupo de vinte rapazes, num beco, estuprando uma pobre moça. Eu parei meu carro, desci, peguei um cassetete, cheguei para o chefe do bando e lhe dei uma porrada bem no meio da cabeça. Depois me virei para os outros e disse: – Covardes! Atacando uma pobre moça indefensa... Vocês têm que ter mais vergonha na cara! Larguem a mulher agora!
São Pedro ficou impressionado. E perguntou:
– E quando foi isso?
– Ah! Foi há uns cinco minutos atrás!

O gaúcho observa o filho recém-nascido no berçário e ao vê-lo quietinho no meio de tantos bebes chorões, comenta orgulhoso com a enfermeira:
– Esse desde pequeno mostra que é macho! Enquanto os outros ficam se esgoelando de chorar, ele fica ali quietando, feliz da vida, apenas observando. Tá se vendo que puxou o pai!
E a enfermeira:
– É... Mas o senhor precisa de ver o berreiro que ele apronta quando eu tiro a chupeta do cuzinho dele...

Quando o André percebeu pela primeira vez que seu pênis estava crescendo e mantendo-se ereto por mais tempo, ele e sua mulher ficaram entusiasmados.

Mas depois de algumas semanas, o pênis já havia alcançado 40cm, e André começou a ficar preocupado.

E ele decide ir consultar um urologista.

A mulher o acompanha.

Depois de um exame detalhado, o médico explica ao casal que esta situação, embora rara, pode ser resolvida com uma cirurgia corretiva.

Pergunta a esposa:

– E que altura o André vai ficar depois da operação?

– Altura? – Exclama perplexo o médico. – Por que iria mudar a altura dele?

A esposa responde:

– Ora, o senhor não vai aumentar as pernas dele?

Aquele casal decidiu que o único jeito de se livrar de seu filho de dez anos por umas horas, no domingo, seria colocá-lo na sacada do apartamento e pedir para ele contar o que acontecia pela vizinhança.

Puseram o plano em ação e o garoto começou seus comentários, enquanto eles se divertiam na cama.

– Tem um carro sendo guinchado aí na rua...
– Tem uma ambulância parando lá na esquina...
– Parece que os Silvas estão recebendo visita...
– O Zezinho ganhou uma bicicleta nova...
– Os Almeidas estão trepando...

Os pais pularam da cama, e o pai perguntou:

– Como você sabe disso?
– O filho deles está na sacada também...

Uma mulher vai até a delegacia comunicar o desaparecimento do marido. O polícial de plantão pede a descrição:
Diz ela:
– Meu marido é um cara alto, loiro, forte e com cerca de 30 anos.
Uma vizinha, que estava junto, diz:
– Mas como!!! Seu marido é baixo, gordo, careca e com mais de 50 anos!!!
– Mas quem é que disse que eu quero esse marido de volta?

Essa é do sujeito que inventou uma macieira que dava maçã de todos os gostos possíveis. Um cara, duvidando do ocorrido, foi pessoalmente verificar o pé de maçã.
– Eu quero uma maçã com gosto de laranja.
– É pra já.
Buscou uma, lá do alto, com gosto de laranja.
– Tem gosto mesmo! Agora eu quero com gosto de uva.
– É pra já.
Buscou uma do lado direito com gosto de uva.
– Nossa! Tem mesmo gosto de uva, que coisa mais extraordinária! Agora me veja uma com gosto de graviola.
– De graviola? É uma das melhores que eu tenho, toma.
– Puta merda, tem gosto de graviola! Agora se essa macieira é boa mesmo, me dá uma com gosto de buceta!
– De buceta? Tenho sim, toma.
O cara deu uma mordida e disse:
– Tá de sacanagem? Esta está com gosto de merda!!!
– Vai virando, vai virando...

O delegado pergunta:
— Alguma pista?
— Nada.
— Nem um fio de cabelo?
— Nem um.
— Ótimo! Vão lá e prendam o careca!!!

Três maridos conversam sobre como suas esposas são na cama:
— A minha esposa é muito romântica. Ela, na cama, fica totalmente submissa.
— A minha é muito liberal. Ela, na cama, torna-se uma libertina...
— Pois a minha é como um engenheiro. Está sempre prometendo que estará pronta para sexta-feira...

Uma bicha com 50 anos foi a um médico e disse:
— Doutor, quero virar homem, estou cansado de ser bicha, não aguento mais essa vida.
— Mas como foi que começou? Quando você sentiu vontade de ser veado?
— Ah! Doutor, eu tinha 15 aninhos, e ia passando perto de uma construção quando um baita negão me falou: "Vou te enrabar agora mesmo." Aí, doutor, não teve jeito.
— Porque você não reagiu, não correu?
— Mas como, doutor?! De mini saia e salto alto, não dava!

Dois caipiras conversando:
— Eu adoro pato assado – comenta um deles.
— Eu adoro ovelha ensopada! – Diz o outro.
— Ovelha ensopada? Nunca experimentei! Você come sempre isso?
— Toda vez que chove!

A professora de religião perguntava:
— Onde está Deus?
Mariazinha respondeu:
— Está no céu, professora!
— Muito bem. E você Pedrinho, onde acha que Deus está?
— Em todas as coisas!
— Muito bem... E você Joãozinho?
— Ah! Deus está no banheiro lá em casa!
— Mas como, Joãozinho. Que resposta mais estranha! Quem te falou isto?
— Meu pai, professora. Quando eu saí de casa hoje de manhã ele estava gritando: "Meu Deus... Está ainda no banheiro???"

O caipira comprou um sítio no meio de um matagal e, sozinho, começou a trabalhar.
Capinou, arou, construiu um galinheiro, um pomar, fez uma horta e uma casinha de dar inveja aos seus vizinhos.
Um dia, o padre resolveu aparecer por lá para pedir um donativo e comentou:
— Que belo trabalho vocês fizeram aqui!
— Vocês?
— Sim, você e Deus!
— Ahhh! Mas o senhor precisa ver como é que tava isso aqui na época que ele cuidava sozinho!

João encontra seu amigo Pedro completamente bêbado no bar.
– Oi, o que está acontecendo?
– Estou com um problema!
– Mas que chato! E qual é o problema?
– Mulheres!
– Qual mulher?
– Acho que não devo dizer...
– Mas como?! Nós somos amigos.
– Bem... É sua mulher...
– Minha mulher? O que houve?
– Eu acho que ela está botando chifre em nós dois!!!

A bichinha vai até a farmácia e pede:
– Seu Gonçalves, me vê um supositório. Eu estou en-tu-pi-do! Já faz três dias que não faço cocô!
Aí um sujeito que estava no balcão comenta:
– Você sabia que mamão é um excelente remédio para prisão de ventre?
– Mamão? Mas será que cabe?

Tinha aquele cartaz no Bar:
"1 bêbado 60 no bar, 70 beber uma 51 100 dinheiro, vem 1 guarda e lhe diz: 20 prender seu 100 vergonha!"

disk-psiquiatra

**SERVIÇO TELEFÔNICO AUTOMÁTICO
PARA AJUDA PSIQUIÁTRICA**

"Obrigado por ligar para o Instituto de Saúde Mental, sua mais saudável companhia em seus momentos de maior loucura."

– Se você é obsessivo e compulsivo pressione 1, repetidamente.

– Se você é dependente, peça a alguém que pressione o 2 por você.

– Se tem múltiplas personalidades, pressione 3,4,5.

– Se você é paranoico, sabemos quem é você, o que faz e o que quer. Espere na linha enquanto rastreamos sua chamada.

– Se você sofre de alucinações, pressione o 7 e sua chamada será transferida para o Departamento de Elefantes Cor de Rosa.

– Se você é esquizofrênico, escute cuidadosamente e uma vozinha lhe dirá que número pressionar.

– Se você é depressivo, não importa que número disque. Ninguém vai responder.

– Se você sofre de amnésia, pressione o 8 e diga em voz alta seu nome, endereço, número da carteira de identidade, data do nascimento, estado civil e o nome de solteira de sua mãe.

– Se você sofre de estresse pós-traumático, pressione lentamente a tecla # até que alguém tenha piedade de você.

– Se sofrer de indecisão, deixe sua mensagem logo que escute bip... ou antes do bip... ou depois do bip... ou durante o bip... De qualquer modo, espere o bip...

– Se sofrer de perda de memória para fatos recentes, pressione 9.

– Se sofrer de perda de memória para fatos recentes, pressione 9.

– Se sofrer de perda de memória para fatos recentes, pressione 9.

– Se tiver baixa autoestima, por favor, desligue. Nossos operadores estão ocupados atendendo pessoas mais importantes.

Como seria noticiado

o fim do mundo nos jornais e revistas

The New York Times
O MUNDO VAI ACABAR

O Globo
GOVERNO ANUNCIA O FIM DO MUNDO

Jornal do Brasil
FIM DO MUNDO ESPALHA TERROR NA ZONA SUL

O Dia
FIM DO MUNDO PREJUDICA SERVIDORES

Folha de S. Paulo
(ao lado de um imenso infográfico)
SAIBA COMO SERÁ O FIM DO MUNDO

O Estado de S. Paulo
CUT E PT ENVOLVIDOS NO FIM DO MUNDO

Zero Hora
RIO GRANDE VAI ACABAR

A Notícia
PSICOPATA MATA A MÃE, DEGOLA O PAI, ESTUPRA A IRMÃ E FUZILA O IRMÃO AO SABER QUE O MUNDO VAI ACABAR!

Tribuna de Alagoas
DELEGADO AFIRMA QUE FIM DO MUNDO SERÁ CRIME PASSIONAL

Estado de Minas
SERÁ QUE O MUNDO ACABA MESMO?

Jornal do Commercio
JUROS FINALMENTE CAEM!

Jornal dos Sports
NEM O FIM DO MUNDO SEGURA O MENGÃO!

Correio Braziliense
CONGRESSO VOTA CONSTITUCIONALIDADE DO FIM DO MUNDO

Notícias Populares
O MUNDO SIFU, ACABOU-SE TUDO!

Gazeta Mercantil
ÍNDICE BOVESPA CHEGA NO LIMITE

Caras
TOM CRUISE E NICOLE KIDMAN JUNTOS DE NOVO

Boletim da Microsoft
AÇÕES DA APPLE RETIRADAS DA BOLSA

Catálogo do Carrefour
NOSSA ÚLTIMA LIQUIDAÇÃO

Gazeta Esportiva
SUSPENSO O BRASILEIRÃO

Veja
EXCLUSIVO: ENTREVISTA COM DEUS
– Por que o apocalipse demorou tanto?
– Especialistas indicam como encarar o fim do mundo.
– Paulo Coelho: O profeta viu o fim do mundo e chorou.

Nova
O MELHOR DO SEXO NO FIM DO MUNDO

Seleções
TCHAU

SuperInteressante
COMO A EXTINÇÃO DA VIDA QUE CONHECEMOS AFETARÁ NOSSA VISÃO DO COSMOS?

Contigo
DOMINGÃO DO FAUSTÃO: IBOPE VAI A ZERO!

Claudia
ENFRENTE COM ELEGÂNCIA O DIA DO JULGAMENTO FINAL COM A NOVA DIETA "ARMAGEDOM"

UOL
SISTEMA TEMPORARIAMENTE FORA DO AR. TENTE ACESSO EM 15 MINUTOS

Exame
DEZ DICAS PARA TIRAR PROVEITO DO APOCALIPSE

Querida
TESTE: SEU NAMORO VAI ACABAR ANTES DO FIM DO MUNDO?

Playboy
AS GAROTAS DO APOCALIPSE: NOVA MULHER FRUTA

Info Exame
100 DICAS DE COMO APROVEITAR O WINDOWS THE END!

Época
ATÉ O FIM DO MUNDO A SUA REVISTA *ÉPOCA* ESTARÁ CUSTANDO R$2,80

Guia de Programação Net
EXCLUSIVO: O FIM DO MUNDO NO GNT

Forma e Beleza
TENHA UM END LIGHT. LEIA AQUI COMO!

Aquele cara chegou no hotel da cidade em pleno domingo.
Registrou-se e foi para o quarto.

Começou a ver TV, mas não tinha nada de interessante. Procurou alguma coisa para ler e achou uma Bíblia. Deu uma folheada e se animou!

Pegou o telefone e chamou a telefonista

– Por favor, você tem os horários de trem?

A telefonista respondeu:

– Não senhor, sinto muito.

– Esta bem. E o horário de ônibus?

– Também não.

– Ok. Não tem importância... Mas sabe que você tem uma voz muito bonita?

– Obrigada, senhor!

– Verdade! Gostaria de conhecê-la melhor... A que horas acaba seu turno de trabalho?

– Só às 8 da noite.

– E você aceitaria jantar comigo?

A telefonista pensou um pouco e acabou aceitando.

Para encurtar a história, jantaram, beberam e foram para o quarto dar uma boa trepada.

No descanso, a telefonista comentou:

– Puxa! Quem diria que eu acabaria passando esta noite com você!

E o cara responde:

– Pois eu sabia!

– Como você sabia?

– Ora, está na Bíblia!

– Na Bíblia!? Em que versículo?

– Não é nenhum versículo. Está aqui, na contracapa, escrito à mão: "A telefonista adora dar uma trepada."

O psicólogo para o paciente:
— Acabo de analisar o seu teste de personalidade e tenho boas e más notícias.
— Diga-me primeiro a má notícia!
— Você tem fortes tendências homossexuais.
— E a boa?
— Você é uma gracinha!!

U ma freira estava no ponto, esperando o ônibus, quando para um carro de luxo, a janela se abre e uma espetacular loira diz:
— Irmã, se precisa de uma carona, tenho muito prazer em levá-la!
A freira não pensou duas vezes. Pegou a carona.
Durante o caminho ela pergunta:
— Que belo carro você tem!
— É verdade, irmã!
— Desculpe perguntar... Mas como conseguiu comprar um carro destes?
— Para dizer a verdade eu passei a noite com um homem... Ele sempre me dava um dinheirinho e eu economizei e comprei este carro! Da mesma maneira comprei meu apartamento, uma casa de campo e outras coisinhas mais...
— Tudo isto somente por dormir com homens?
— Sim, irmã. É a pura verdade!
Chegando ao convento, a freira vai para o seu quarto e fica lá, trancada.
Por volta da meia-noite escuta uma batida na porta. Pergunta:
— Quem está aí?
— É o padre João, irmã... Abra a porta!
— Ah é? Pois então enfia o chocolate no cu!!!

Pergunta o marido para a mulher:
– Você me avisa quando tiver um orgasmo?
– Mas querido... você não quer que eu te chame no escritório!

O português está na maior festa no meio de uma transa com a sua amante. De repente ela ouve um barulho da porta da garagem se abrindo e diz:
– Goza rápido que o meu marido está chegando!
O português levanta-se de um salto, corre para a janela, coloca a cabeça para fora e começa a gritar:
– Corno! Corno! Corno!

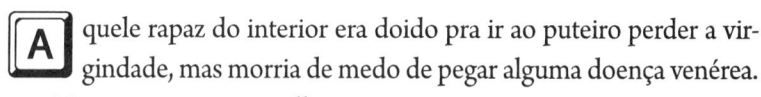

Aquele rapaz do interior era doido pra ir ao puteiro perder a virgindade, mas morria de medo de pegar alguma doença venérea.
Aí, um amigo o aconselhou:
– Faz o seguinte: espreme um limão na xana da mulher. Se ela tiver alguma infecção, vai arder e ela vai começar a gritar.
Na mesma noite o rapaz encheu-se de coragem e foi à zona com um limão no bolso. Escolheu uma puta caquética, foi para o quarto, tiraram a roupa, ela deitou-se na cama e abriu as pernas.
O garoto pegou o limão, cortou-o com um canivete e espremeu-o na xoxota da mulher.
Como ela não gritou, ele ficou inseguro e repetiu o processo. Novamente ela ficou quieta.
– Será que eu estou fazendo direito? – perguntou-se o rapaz.
Por via das dúvidas, decidiu tentar ainda uma vez.
Aí ela perdeu a paciência:
– Porra, garoto! Você veio aqui para meter ou para fazer limonada?

Joãozinho estava saindo às pressas do hotel onde trabalhava como office-boy, quando ouve a voz da dona:

– Joãozinho, aonde você vai?

– Vou ao puteiro, minha senhora!

– O quê? – Indigna-se a dona do hotel. – Moleque mal-educado, isso não é jeito de falar! Além do mais, você é menor e está em horário de serviço! Você fica aqui!

– Tudo bem, a senhora manda... Mas, então, o seu marido vai ter que ir pegar ele mesmo o guarda-chuva que esqueceu lá!

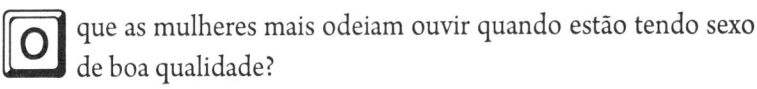

O que as mulheres mais odeiam ouvir quando estão tendo sexo de boa qualidade?

– Querida, cheguei!

Existem três tipos de mulher:
  – As bonitas, as inteligentes e a maioria!

O casal de velhos está ouvindo atentamente o pastor no rádio:
  – Irmãos, se alguém tiver um problema, põe a mão no lugar do corpo que está doente e eu rezarei agora para sua cura.

O velhinho devagar põe a mão na virilha.

A velha, vendo isso, diz:

– Esquece... O pastor está dizendo que vai curar os vivos, e não ressuscitar os mortos!

Três homens estavam no andaime lavando os vidros de um grande edifício quando um deles deu um gemido, virou para o do lado e disse:

— Ai, ai, ai, preciso cagar, vou cagar aqui mesmo.

O companheiro responde:

— Você tá louco! Vai sujar todo mundo lá embaixo!

— Não tô aguentando mais, não dá tempo de descer.

— Então bate na janela e peça pra senhora deixar você usar o banheiro.

Foi o que ele fez. Assim que a senhora abriu a janela, ele voou para o banheiro.

Estava lá, tranquilo, fazendo sua necessidade, quando ouviu uma gritaria danada. Ao sair, viu que o andaime tinha quebrado e seus dois amigos tinham se espatifado no chão.

Dia seguinte, no velório estavam o sobrevivente, sua esposa e as viúvas inconsoladas, quando chega o dono da empresa e diz:

— Sei que foi uma perda irreparável, mas posso pelo menos aliviar o sofrimento... Sei que vocês pagam aluguel, por isso darei uma casa pra cada uma, e sei também que dependem de ônibus, por isso darei um carro para cada uma, e os estudos de seus filhos, não se preocupem mais, será por conta da empresa até a faculdade...

E a mulher daquele que sobreviveu não se conteve e falou no ouvido do marido:

— E o bonitinho aqui, cagando, né?

Depois que a mulher entrou no oitavo mês de gravidez, o marido se encontra condenado a dormir no sofá.

Uma noite, quando ele se prepara para passar mais uma noite de cão, a mulher o fita com ar de compaixão.

Ela entende que ele é apenas um homem e que tem necessidades que ela não tem condições de satisfazer.

Então, num ato de bondade, ela pega uma nota de 100 na carteira e dá ao marido:

– Meu amor – diz ela —, por minha causa você não dorme direito e eu não tenho como te proporcionar aquilo que te dá tanto prazer. Toma, pega essa grana e vai na vizinha. Ela vai concordar em transar com você. Mas lembre-se que é uma única vez, certo? Estou fazendo isso por você só porque te amo!

O marido nem acredita.

Ele pega rapidinho o dinheiro antes que a mulher mude de ideia e vai correndo para a casa da gostosa da vizinha.

Alguns minutos depois ele volta decepcionado.

Devolve a nota para a mulher e explica:

– Ela disse que é pouco. Ela quer 200.

A mulher fica louca da vida e explode:

– Desgraçada! Quando ela estava grávida e o marido dela veio aqui, eu só pedi 100...

O mineiro observando o engenheiro com o teodolito, pergunta:
– Doutor, pra que serve esse treco aí?
– Vamos passar uma estrada por aqui e eu estou fazendo as medições.
– E precisa desse negócio pra fazê a estrada?
– Sim, precisa... Por quê? Vocês não usam isso pra fazer estradas?
– Ah não, home. Aqui, quando a gente qué faze uma estrada, a gente sorta um burro e vai seguindo ele. Por onde o bicho passá, é o mió caminho pra se faze a estrada...
– Que interessante! E se vocês não tiverem o burro?
– Bom, uai, aí a gente chama us engenheiro...

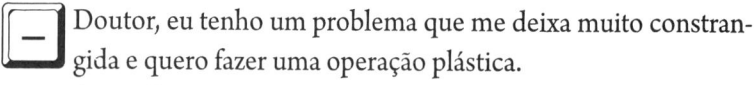

– Doutor, eu tenho um problema que me deixa muito constrangida e quero fazer uma operação plástica.
– O que é?
– Tenho os lábios vaginais muito grandes e morro de vergonha.
– Deixe-me examinar... Cruzes! É grande mesmo! Vamos operar.
– Por favor, doutor, eu quero sigilo absoluto. Isto tudo é muito constrangedor!
Depois da operação a paciente acorda da anestesia e vê ao seu lado, na cama, três bonitos arranjos de flores. Furiosa, ela liga para o médico.
– Pô, doutor! Eu lhe pedi sigilo absoluto. Acordo e já vejo três flores... O senhor contou para alguém?
– Não, minha cara! Uma das flores foi eu quem dei, em agradecimento por ter me escolhido como cirurgião; a segunda, quem ofereceu foi a enfermeira que me acompanhou na operação e simpatizou muito com a senhora...
– E a terceira?
– Esta foi do rapaz que estava internado no Setor de Queimados, que agradeceu pelo par de orelhas novas que lhe foram implantadas...

Q uatro mães católicas estão tomando chá juntas.
A primeira, querendo impressionar as outras, diz:
– Meu filho é padre. Quando entra em uma sala, todos se levantam e dizem: "Boa tarde, padre."

A segunda não fica para trás. Comenta:
– Meu filho é bispo. Quando entra em uma sala todos se levantam e dizem: "Sua benção, bispo."

A terceira, calmamente, acrescenta:
– Pois o meu filho é cardeal. Quando entra em uma sala, todos se levantam, beijam o seu anel e dizem: "Sua benção, eminência."

A quarta permanece quieta.
Então, a mãe do cardeal, para provocar, pergunta:
– E o seu filho?
– Ah, meu filho... – suspira a quarta mãe. – Meu filho tem 1,85 metro, pratica musculação e trabalha como striper. Quando ele entra em uma sala todo mundo olha e diz: "Meu Deus!!!"

A lmoço de domingo em família, todos na sala conversando quando Joãozinho sai da cozinha com um pedacinho de feijão na mão, e pergunta para o namorado de sua irmã:
– Come esse feijãozinho, come?

O namorado, educadamente, resolve comê-lo pra não aborrecer o garoto. Joãozinho, satisfeito, volta para a cozinha e depois de alguns minutos repete o ritual.
– Come esse outro feijãozinho, come?

E o namorado da irmã vai comendo, meio constrangido, atendendo o apelo da sua namorada, que não queria ouvir choro do irmão pentelho.
Lá pelas tantas, já de saco cheio, sua irmã grita:
– Joãozinho, para de tirar feijão da panela na cozinha, senão eu te coloco de castigo!

Joãozinho começa a chorar e diz:
– Mas não é da panela da cozinha... É do meu cocô!!!

Uma família resolve passar um sábado de sol numa praia de nudismo: o pai, a mãe e o filho pequeno.

Chegando lá, todo mundo peladão, aquela coisa...

O filho do casal, muito curioso, pergunta:

– Pai! Por que alguns homens têm o bigulim pequeno e outros têm o bigulim grande?

O pai bem que poderia falar sobre diferenças étnicas e genéticas, mas como o garoto era muito pequeno, meio sem saber o que dizer, respondeu a primeira coisa que veio à cabeça:

– Ah, meu filho! Os que têm bigulim pequeno são pobres, não têm dinheiro, e os que têm bigulim grande são ricos, têm muito dinheiro!

– Ah... entendi, pai... – responde o moleque.

Passados alguns minutos, o pai resolve dar uma volta na praia e deixa o menino com a mãe. Uma hora depois ele volta e não encontra a esposa. Olha pra um lado, olha para o outro, e nem sinal. Então, ele pergunta para o garoto:

– Meu filho, onde está a sua mãe?

– Bom, pai... ela tava conversando com um homem pobre de dar pena. De repente o cara ficou rico e eles sumiram!

acredite se quiser!

FRASES COLHIDAS EM FORMULÁRIOS DE COMPANHIAS DE SEGURO, EM QUE OS MOTORISTAS TENTAM DESCREVER OS DETALHES DE SEUS ACIDENTES, COM COMENTÁRIOS SUCINTOS

- ☒ A causa indireta do acidente foi um rapazinho num carrinho pequeno com uma boca enorme.
- ☒ Algum dos motoristas poderia ter feito algo para evitar o acidente? Pegar o ônibus?
- ☒ Bati num caminhão estacionado que vinha em sentido inverso.
- ☒ Comecei a reduzir, mas o tráfego estava mais imóvel do que eu imaginava.
- ☒ De volta para casa eu entrei com meu carro na casa errada e bati numa árvore que não era a minha.
- ☒ Eu disse à polícia que não estava machucado, mas quando tirei o chapéu percebi que tinha fraturado o crânio.
- ☒ Eu estava a 110, 120 km/h, quando minha garota, que estava sentada no banco de trás, agarrou meus testículos. Foi nesse momento que eu perdi o controle do carro.
- ☒ Eu estava a caminho do médico com um problema na traseira quando minha junta universal caiu, causando o acidente.
- ☒ Eu estava fazendo a curva quando notei um camelo e um elefante amarrados no acostamento. A distração me fez perder a concentração e bater no poste de sinalização.
- ☒ Eu me afastei do acostamento, dei uma olhada na minha sogra e me dirigi direto para o barranco.
- ☒ Eu não pensava que a limitação de velocidade se aplicava depois da meia-noite.
- ☒ Eu não sabia que a cadela era muito possessiva com seu carro, mas não teria lhe pedido para dirigir se eu soubesse que haveria algum risco.

- Eu pensei que minha janela estava aberta, mas descobri que estava fechada quando botei a cabeça pra fora.
- Eu tinha certeza que o velho não conseguiria chegar ao outro lado da estrada, então eu o atropelei.
- Eu vi um velho mole, de cara triste, quando ele caiu do teto do meu carro.
- Eu vinha dirigindo já há 40 anos quando dormi no volante e sofri o acidente.
- Fui expulso de meu carro quando ele saiu da estrada. Mais tarde, fui encontrado no acostamento por umas vacas que passavam por lá.
- Meu carro estava bem estacionado, mas ele recuou sobre o outro veículo.
- O cara estava por tudo quanto era lado da estrada. Eu tive que desviar uma porção de vezes antes de atropelá-lo.
- O carro que me precedia bateu no pedestre, mas ele se levantou e eu o atropelei novamente.
- Outro carro bateu no meu sem avisar a respeito de suas intenções.
- O pedestre não sabia para que lado ir, então eu o atropelei.
- O sujeito estava estatelado na estrada. Tive que desviar várias vezes antes de bater nele.
- Para evitar bater no para-choque do carro em frente, atropelei o pedestre.
- Percebi que saía fumaça debaixo do capô. Compreendi que o carro estava pegando fogo, então peguei meu cachorro e o sufoquei num cobertor.
- Querendo matar uma mosca, acabei batendo num poste de luz.
- Um caminhão deu ré pelo meu para-brisa, direto na cabeça da minha mulher.
- Um carro invisível, vindo de parte alguma, bateu em meu carro e se volatilizou.
- Um pedestre me bateu e passou por baixo do meu carro.

- Vi aquele senhor de olhar triste no momento em que ele se estatelava no capô de meu carro.
- Vidro do para-brisas quebrado. Causa desconhecida. Provavelmente fenômeno sobrenatural.

O médico se aproxima daquele doente moribundo.
– Infelizmente, meu amigo, eu tenho uma péssima notícia pra te dar. Você só tem quatro minutos de vida.
– Quatro minutos, doutor? E o senhor não pode fazer nada?
– Em quatro minutos? Bom, se você quiser eu posso fazer um ovo quente.

O gauchão resolveu tentar a sorte no cassino.
Uma mulher, boazuda, que estava ao seu lado, sugeriu:
– Por que não joga no tamanho do teu cacete?
O gauchão não teve dúvida: jogou no 25 e... perdeu!
Deu 8.
E ele desiludido:
– Baaah! Perdi de burro, tchê!!!

Três amigos viajando juntos conversam sobre a despedida que tiveram com suas esposas:
– Essa noite eu fiz sexo três vezes com minha esposa e, antes de sair, pela manhã, ela me jurou amor eterno! – Comentou o primeiro.
– Só três? – Disse o segundo. – Eu e minha esposa fizemos sexo cinco vezes essa noite e pela manhã ela me disse que eu era o melhor amante do mundo.
Como o terceiro continuava quieto, os outros dois perguntaram:
– E você, deu quantas esta noite?
– Uma!
– Só uma? E o que foi que a sua esposa disse hoje de manhã?
– Não pare, por favor! Não pare!

E o médico diz para o paciente:
– É, sr. Silva... Sua doença não me agrada nem um pouco...
– Sinto muito doutor, mas eu só tenho essa!

O professor pergunta ao Joãozinho:
– Joãozinho, qual vai ser sua profissão?
– Vou ser punk.
– E o que faz um punk?
– Bebe cerveja, anda de moto e come mulher...
– Que é isto? Vá direto pra casa!!!
Joãozinho chega e explica para sua mãe.
– Mãe, o professor me mandou para casa porque eu quero ser punk!
– E o que faz um punk, meu filho?
– Bebe cerveja, anda de moto e come mulher!
– Menino atrevido! Vá para seu quarto de castigo!!!
Joãozinho foi para o quarto. Pensou um tempo e resolveu falar com a mãe:
– Mãe! Está certo... Eu vou ser só um punk júnior...
– E o que faz um punk junior?
– Toma guaraná, anda de bicicleta e bate punheta!!!

Durante a consulta, o médico vira-se para o paciente e dispara:
– Garanto que você não viverá mais de uma semana se não parar de ficar dando em cima de tudo quanto é mulher!
– O que é isso, doutor? Eu sei tomar os cuidados necessários... Além disso, minha saúde não está tão mal assim, não é?
– Acontece, meu amigo, que uma das mulheres de que você está dando em cima é minha esposa!

Um sujeito entra numa loja de peles com uma loira espetacular. Ele diz ao vendedor:

– Quero que você dê a esta moça a mais linda estola de pele que você tiver nesta loja.

O vendedor mostra algumas à moça, que acaba se decidindo por uma. Discretamente, o vendedor diz ao sujeito:

– Esta daqui custa 65 mil reais.

– Sem problema! – Diz o homem – Faço-lhe um cheque já.

O vendedor se desculpa:

– O senhor tem que entender que só posso lhe entregar a estola depois que o cheque for compensado. Como hoje é sexta-feira, terá que ser na segunda.

– Entendo perfeitamente! – Diz o sujeito – Venho pegá-la na segunda-feira.

Na segunda-feira o sujeito volta na loja.

O vendedor lhe diz:

– Sinto muito, senhor, mas seu cheque voltou por falta de fundos.

– Eu já sabia – diz o sujeito. – Eu só vim para lhe agradecer o mais fabuloso fim de semana de minha vida!

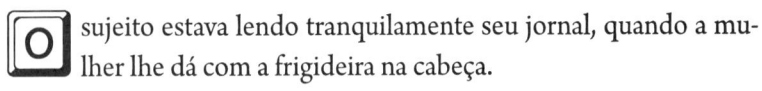

O sujeito estava lendo tranquilamente seu jornal, quando a mulher lhe dá com a frigideira na cabeça.

– Você está maluca? – Reagiu ele, furioso.

– Isso é pelo bilhete que eu encontrei no bolso da sua calça, com o telefone de uma tal de Marilu.

– Mas, querida... Isso foi no dia que eu fui a corrida de cavalos. Marilu foi o cavalo que eu apostei e o número era o valor total das apostas...

A mulher ficou toda desconcertada e desdobrou-se em desculpas.

Dias depois, ele estava novamente lendo o seu jornal e PIMBA! Leva outra frigideira na cabeça.

– O que foi agora, querida? – Protestou ele.

– O seu cavalo está no telefone...

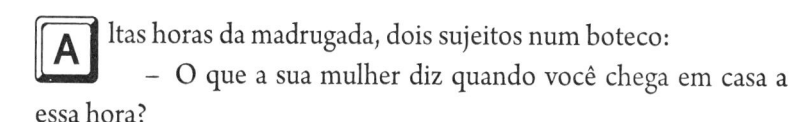

Altas horas da madrugada, dois sujeitos num boteco:
— O que a sua mulher diz quando você chega em casa a essa hora?
— Minha mulher? Eu não sou casado!
— Então por que vai para casa assim tão tarde?

O paciente abre as pálpebras, recobrando suavemente a consciência após a operação.
Vendo uma cabeça inclinada sobre ele, balbucia:
— Então, doutor, a operação foi bem-sucedida?
— Ah, sinto muito, meu filho. Eu não sou seu médico, sou São Pedro.

E aquela bela loira acaba de se mudar para o apartamento vizinho daquele casal de meia-idade.
Rapidamente o marido começa a visitar a nova vizinha, com a desculpa de pedir emprestado isso ou aquilo, ou para dar uma ajudazinha para instalar uns móveis etc. Essas visitas ficam cada vez mais demoradas e a esposa começa a desconfiar.
Então ela decide tirar essa história a limpo.
Cinco minutos depois que o marido saiu, ela começa a bater na parede que separa os apartamentos.
Como não obtém nenhum resultado, ela pega o telefone e liga, mas quem atende sempre é a secretária eletrônica.
Ela então vai até a porta da vizinha e toca a campainha durante dois minutos ou mais.
Finalmente a moça abre a porta, e a esposa explode:
— Gostaria que você me explicasse por que meu marido leva tanto tempo para voltar quando vai te visitar!
— Querida... Se você não tivesse nos interrompido tantas vezes, ele já estaria em casa há séculos!!!

E stava um homem muito folgado, num pátio de estacionamento, dando uma mijadinha entre dois carros.

De repente aparece um cara e fica olhando um tempão, quieto.

Aí pergunta, com uma voz meiga:

– Posso pegar no seu pau?

– Pô! Não se pode nem mijar mais em paz! Tem veado por tudo quanto é lado! Sai daqui, meu!

– Ah! Só um pouquinho, deixa vá!

– Tá bom, só um pouquinho... Depois desaparece senão ainda te dou umas porradas!

Então, o cara pega no pau do cara e começa a apertar, torcer e puxar com uma puta força e diz, bem devagarzinho:

– Isto é... para você... aprender... a nunca mais... mijar no pneu... do... meu... carro!!!

P edro era um tremendo boêmio.

Só chegava em casa de madrugada e sempre de porre.

Um dia, de repente, entrou na linha e nunca mais fez isso.

Todo mundo ficou curioso.

Uma amiga da mulher dele quis saber o que aconteceu e ela explicou:

– Foi fácil... Uma noite dessas, quando Pedro chegou travadão em casa, o dia quase amanhecendo, eu perguntei discretamente:

– É você, Ricardo?

P apo entre dois amigos:

– Você tem brigado muito com a sua mulher?

– Tenho sim... Ontem à noite, por exemplo, nós brigamos por que eu queria ir ao futebol e ela queria ir ao cinema...

– E você gostou do filme?

Aquele cara entrou num bar para beber alguma coisa.

Lá dentro ele viu um grupo de pessoas em volta de uma mesa, rindo muito. Curioso, foi ver o que era.

Para seu espanto ele viu um pato dançando e sapateando freneticamente em cima de uma lata, ao som de uma música que saía de um radinho portátil.

Maravilhado com o espetáculo, e pensando no quanto ele poderia faturar com um pato dançarino, procurou pelo dono.

– O senhor quer vender este pato?
– Depende de quanto!
– Bem, eu ofereço mil reais, agora!
– Feito. Pode levar.

E lá foi o cara, satisfeito com a compra, direto para uma emissora de TV, já pensando o quanto iria cobrar.

Chegando lá, armou o palco, ligou o rádio, pôs o pato em cima da lata e... nada!

O pato nem se moveu.

Ele gritou, esbravejou, mas o pato não se movia.

Furioso, correu para o bar para ver se encontrava o vendedor do animal.

Ele estava lá, tranquilo, bebendo umas e outras.

– Seu ladrão! O pato não quer dançar de jeito nenhum! Você me enganou!

E o cara responde:

– Calma... Deixe eu lhe perguntar uma coisa: você colocou fogo embaixo da lata?

Outro dia uma moça comentava com uma amiga:

– Eu me escrevi no concurso da prefeitura. Lá só há duas provas. A de português eu não tenho medo não. Só tenho medo a de deteogarfia.

O carro parou no sinal e um mendigo aproximou-se do motorista:
– Uma esmolinha pelo amor de Deus!
– Eu sei pra que você quer uma esmolinha. É para comprar cigarro, encher a cara de cachaça e jogar no bicho, não é?
– Nada disso, moço. Eu não bebo, não fumo e não jogo!
– Então entra aí no meu carro e vamos lá em casa só pra minha mulher ver o destino de quem não tem vício.

– Devo minha morte a um trem.
– Desastre?
– Mais ou menos. O marido dela perdeu o trem.

O sujeito estava parado no meio da praça olhando para o alto.
Logo a praça se enche de curiosos, todos olhando para o alto, até que um cidadão mais curioso perguntou ao primeiro:
– Disco voador, é?
– Não. É sangue pelo nariz...

Padre O'Grady estava despedindo-se de sua congregação após o sermão dominical quando Mary Clancey aproximou-se com os olhos cheios de lágrimas.
– O que aconteceu, querida?
– Oh, padre, aconteceu uma coisa terrível!
– E que coisa terrível foi essa, Mary?
– Meu marido morreu ontem à noite, padre...
– Oh, Mary, que coisa terrível. Ele fez algum último pedido?
– Sim, padre, ele fez.
– E qual foi o último pedido dele, Mary?
Mary respondeu,
– Ele disse: "Por favor, Mary, abaixe essa arma..."

D ois missionários, um chamado Joaquim e outro Manuel, são capturados na África por uma tribo de canibais. Eles são amarrados e colocados numa imensa panela, que é completada com água e legumes.

Os canibais acendem o fogo e esperam cozinhar.

Alguns minutos se passam, e um dos missionários começa a rir sem parar. O outro missionário nem acredita e pergunta:

— O que é que deu em você? Você acha nossa situação muito engraçada? Nós vamos ser cozidos vivos e depois seremos comidos! Francamente, eu gostaria de saber qual é a graça.

O outro responde:

— É que acabei de cagar na sopa!

A mulher vê o marido chegar em casa:
— Nossa, Dagoberto! Como cinco uísques te modificam!
— Que papo é esse, mulher? Eu não bebi nada!
— É!!! Mas eu bebi!

D uas mulheres conversavam:
— É embaraçoso, mas toda vez que espirro, eu gozo!
— Que horror! E o que você está fazendo quanto a isso?
— Eu uso rapé.

D ois ginecologistas conversam:
— Você não vai acreditar, mas ontem, no meu consultório, atendi a uma paciente que tinha um clitóris que era como... ah, vamos dizer assim... um melão!

— Não é possível! Não pode existir algo assim tão grande. Ela não poderia nem mesmo caminhar!

— Calma, calma... Quem falou em tamanho? Eu estava falando do sabor...

M anuel andava pela rua falando sozinho:
– Quarto, sala, cozinha, banheiro. Quarto, sala, cozinha, banheiro. Quarto, sala, cozinha, banheiro...
Um amigo cruza com ele na rua e pergunta:
– Que é isso, Manuel? Tá maluco?
Manuel coçou a cabeça e se explicou:
– Não é nada, oh pá!!! É que minha mulher vive pedindo pra eu decorar a casa.

– Juquinha, por que você coça tanto a cabeça?
– É por causa de um piolho morto.
– Tudo isso por causa de um piolho morto?
– É professora. É que os parentes dele vieram para o velório.

A quele casal estava numa festa.
Num determinado momento, o marido fica conversando longamente com uma garota linda, pintada um pouco acima do razoável, e usando uma roupa bem abaixo do recomendável.
De repente, ele percebe que sua mulher está observando, impaciente com aquele bate-papo
Ele vai até a esposa e diz:
– Querida, estou tendo uma conversa puramente profissional com aquela moça...
– Imagino que sim – responde a mulher com um tom gelado. – Trata-se da sua profissão ou da dela?

anúncios classificados
o que as pessoas anunciam sobre si próprias e a realidade

MULHER ANUNCIANDO:

Nos quarenta	52
Gosta de aventura	Já teve mais parceiros do que você imagina
Esportiva	Sem peito
Físico de modelo	Feia
Bonita	Mentirosa patológica
Feminina	Obesa e eventualmente lésbica
Liberada	Chegada nas drogas
Procura amizade	Tenta se livrar de uma reputação de puta
Gosta de se divertir	Chata
Boa conversa	Meio surda
Velha escola	Luz apagada, papai-mamãe
Espírito aberto	Desesperada
Profissional	Puta
Romântica	Menos feia à luz de vela
Voluptuosa	Muito gorda
Viúva	Quatro crianças para alimentar
Ama a natureza	Dois cachorros, três gatos, um hamster
Financeiramente segura	(Procura) Alguém rico

HOMEM ANUNCIANDO:

Abstêmio	Acabou de fazer o curso dos Alcoólatras Anônimos
Ama a natureza	Gosta de trepar no jardim

Apaixonado	Tarado e atrasado
Atraente	Convencido
Bebe socialmente	Alcoólatra
Bom papo	Nunca cala a boca
Bonito	Adora se olhar no espelho, gay
Cheio de juventude	Mais de 50 e não se acha
Criançao	Adulto egocêntrico, sem graça
Livre para amar	Recém-chutado
Dinâmico	Preguiçoso
Educado	Vai lhe tratar como idiota
Esbelto	Balofo, gordo
Espírito aberto, liberal	Não se importa de trepar com sua irmã ou suas amigas
Espírito livre	Irresponsável
Esportivo	Sofá, cerveja, "ESPN", "SporTV"
Financeiramente seguro	Tem emprego
Romântico	Tarado
Fofo	Gordão
Gosta de aventura	Sodomia, orgia, sadomasoquismo
Gosta de se divertir	Adora assistir o canal da *Playboy*
Honesto	Mentiroso patológico
Humano	Feio, quasímodo
Desinibido	Mal-educado
Humorado	Vê muita TV e fala demais
Irreverente	Mal-educado e inconveniente
Jovem de coração	Mais de 40
Magrinho	Anoréxico
Médio	Muito abaixo da média
Melancólico	Maníaco-depressivo
Observador	Maníaco-depressivo e calado
Alma poética	Maníaco-depressivo e chato
Imprevisível	Maníaco-depressivo e não toma remédio

Pensador independente	Lelé da cuca
Pequeno	Baixinho
Poeta	Escreve em portas e paredes de banheiros públicos
Positivo	Encrenqueiro
Procura alma gêmea	Procura alguém rico
Procura amizade	Desde que vocês estejam pelados e na cama
Quarentão	54. Procura moça de 25
Relaxado	Vagabundo
Energético	Só pensa em trabalhar
Romântico	Vai lhe dar flores se você trepar
Simpático	Feio
Trabalha por conta própria	Desempregado
Viúvo	Procura moça para cozinhar, passar e arrumar

inutilidades absolutas

- ☒ Toalha de banho à prova d'água.
- ☒ Lanterna movida à luz solar.
- ☒ Submarino com porta de tela.
- ☒ Um livro sobre como ler e escrever.
- ☒ Alvo inflável para dardos.
- ☒ Índice em dicionário.
- ☒ Banco ejetor em helicóptero.
- ☒ Água em pó.
- ☒ Cadeiras de roda movida a pedal.
- ☒ Saquinho de chá impermeável.

A queles dois anões resolvem se divertir e vão para um bordel. Depois de uns drinks, eles sobem para os quartos. Mesmo estando animadinho, um dos anões não consegue ter uma ereção e fica ainda mais desapontado quando ouve seu amigo no quarto ao lado:

– Um, dois, três e... já! Um, dois, três e... já! Um, dois, três e... já!

Passada a hora do programa, os anões se encontram para irem embora e o que broxou comenta:

– Pô! Foi uma merda! Por mais que eu me esforçasse, não consegui ter nenhuma ereção!

– Ereção? – O outro anão responde, perplexo. – E eu, que nem consegui subir na cama?!

O s dois caipiras se encontram no ponto de ônibus para uma pescaria.

– Então, cumpade, tá animado? – Pergunta o primeiro.

– Eu tô, home! Ô cumpade, pro mode quê tá levano esses dois embornal?

– É que tô levano uma pingazinha, cumpade.

– Pinga, cumpade? Nóis num tinha acertado que num ia bebê mais?!

– Cumpade, é que pode aparecê uma cobra e pica a gente. Aí nóis desinfeta com a pinga e toma uns gole que é pra mode num sinti a dô.

– É... e na outra sacola, o que qui tá levano?

– É a cobra, cumpade. Pode num tê lá...

Depois de receber um telefonema da mulher, aquele intragável chefe de departamento levanta-se todo sorridente e anuncia:
– Minha mulher está grávida!
De algum lugar ouviu-se uma voz que dizia:
– E o senhor suspeita de alguém?

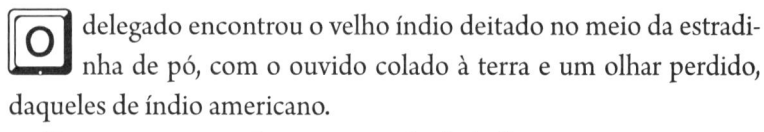

O delegado encontrou o velho índio deitado no meio da estradinha de pó, com o ouvido colado à terra e um olhar perdido, daqueles de índio americano.

Desmontou, aproximou-se e ouviu do índio:
– Dois cavalos... Um branco e um malhado, o malhado manca... Charrete grande... Homem branco de cachimbo na boca... Camisa xadrez...

O delegado, não conseguindo crer que o índio conseguia perceber tanto só pelo som na terra, pergunta:
– Como é isso, chefe? Dá para ouvir tudo isso aí?
– Que ouvir nada, delegado, me atropelaram há dez minutos!

O general dirige-se a um soldado e pergunta:
– Você tem troco para 100?
– Claro, meu chapa! – Responde prontamente o soldado.
– Isso não são modos de dirigir-se a um oficial! – Revolta-se o general. – Vamos tentar novamente: recruta, tem troco para 100?

E o soldado, com voz firme:
– Não, senhor!

O avião está decolando. Depois de chegar à altitude de cruzeiro, o comandante anuncia no microfone:

– Senhoras e senhores, quem vos fala é o comandante Matos. Bem-vindos a bordo do voo 293, de São Paulo a Recife. O tempo está bom e deveremos ter um voo sem turbulência. Portanto, podem soltar seus cintos e aproveitar a via... Ai! Que merda!

Depois de um silêncio constrangedor de alguns minutos, o comandante volta a falar no microfone:

– Senhoras e senhores, sinto muito se os assustei há alguns minutos, mas é que a aeromoça me trouxe o café e ele caiu no meu colo. Vocês deveriam ver o estado das minhas calças!

Um passageiro olha seu vizinho e diz:

– Isso não é nada. Ele deveria ver o estado da minha cueca!!!

Numa loja de animais, o cara se interessou por um papagaio com um jeitão simpático. Pergunta para o vendedor:

– Quanto custa aquele papagaio ali na vitrine?
– Quinhentos reais...
– Nossa, por que tão caro?
– É que ele fala duas línguas, sabe datilografia, taquigrafia e tem uma ótima memória para recados.
– Puxa!!! E aquele ali do outro lado, quanto custa?
– Aquele custa mil reais.
– Nossa!!! O que ele faz?
– Bem, faz tudo o que o outro faz e também é Ph.D. em telecomunicações, analista de sistemas e fala quatro línguas.
– Maravilha!!! E aquele ali, no cantinho?
– Ah! Aquele custa 5 mil reais...
– Cinco mil? Mas o que ele sabe fazer?
– Para falar a verdade nós não sabemos... O que sabemos é que os outros dois o chamam de CHEFE!

Durante o jantar, a filha anuncia para a família.
– Mamãe... papai... estou grávida!
– Como?! – Pergunta o pai, embasbacado.
– Estou grávida!
– E quem é o pai? – Pergunta a mãe, atônita.
– Eu sei lá! Vocês nunca me deixaram namorar firme!

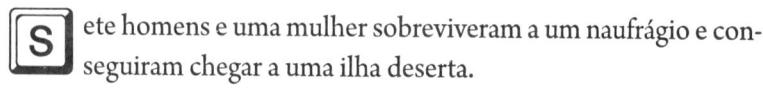

Sete homens e uma mulher sobreviveram a um naufrágio e conseguiram chegar a uma ilha deserta.

A mulher, sem muita escolha, acabou concordando em ficar com um cara por noite. Assim todos ficaram felizes e seguiram esperando socorro.

Mas, um dia, a mulher morreu.

Bom, a primeira semana até que foi sossegada.

A segunda foi mais complicada.

Na terceira, a coisa tava feia.

Na quarta, a situação ficou insuportável.

Foi, então, que um deles virou e disse:

– É isso aí, moçada. Não vai dar mais; vamos ter que enterrar a mulher...

Ao ver o amigo casado há tanto tempo, o sujeito pergunta qual o segredo.

– Ora, meu caro, é muito simples! Nos primeiros quinze dias do mês, eu deixo a minha mulher fazer o que ela quiser.
– E nos outros quinze?
– Aí, eu faço o que ela quer!

A moça vai se confessar:
— Padre, ontem eu cometi um pecado muito sério!
— Não existe nenhum pecado que não possa ser perdoado, minha filha! Diga-me, o que foi que você fez?
— Padre, na noite passada eu e meu namorado fizemos amor sete vezes!
— Tudo bem, minha filha! Pegue sete limões, esprema-os em um copo e tome tudo de uma vez!
E a moça, incrédula:
— Isso vai me livrar do pecado?
— Não – explica o padre. – Mas vai tirar esse sorriso idiota do seu rosto!

D evido a boatos sobre maus tratos a animais, a Sociedade Protetora dos Animais resolve fazer uma blitz na fazenda de um cara. Porém, os integrantes da comissão que vistoriava o local se surpreenderam com o bom trato que os bichos recebem: chiqueiros limpos, lavagem de primeira.
Se comoveram principalmente ao ver um leitãozinho, meio aleijado, com uma perna mecânica.
O chefe da comissão diz, maravilhado:
— Puxa, eu nunca vi nada igual! Um leitãozinho com uma perna mecânica! O senhor deve gostar muito dele, não?
— Oh! Adoro, mesmo! Por isso eu vou comendo aos pouquinhos!

A mulher vai atender a porta em plena madrugada e dá de cara com quatro bêbados.
Diz um deles:
— Madame, por favor, veja qual de nós quatro aqui é o seu marido, porque os outros três estão morrendo de sono!

mentiras do dia a dia

- Satisfação garantida ou seu dinheiro de volta.
- Não nos procure, nós o procuraremos.
- Pode deixar que eu te ligo.
- Puxa, como você emagreceu!
- Fique tranquilo, vai dar tudo certo! Se não deu é porque ainda não chegou o fim...
- Quinta-feira sem falta o seu carro vai estar pronto.
- Pague a minha parte que depois eu acerto contigo.
- Eu só bebo socialmente.
- Isso é para seu próprio bem.
- Eu estava passando por aqui e resolvi subir.
- Estou te vendendo a preço de custo.
- Não vou contar pra ninguém.
- Não é pelo dinheiro, é uma questão de princípios.
- Somos apenas bons amigos.
- Que lindo é o seu bebê.
- Pode contar comigo!
- Você está cada vez mais jovem.
- Eu nem reparei que você usava peruca.
- Nunca broxei antes.
- Você foi a melhor transa que eu já tive.
- Não contém aditivos químicos.
- Estou sem troco, leve um chiclete.
- Obrigado pelo presente, era exatamente o que eu estava precisando.
- Não se preocupe, essa roupa não vai encolher.
- Não se preocupe, essa roupa vai ceder.
- Essa roupa é a sua cara.
- Eu não pude evitar.
- Tudo o que é meu, é seu.

- ☒ Eu não sou candidato.
- ☒ Só vou pôr a cabecinha.
- ☒ O trabalho engrandece o homem!
- ☒ Isso nunca aconteceu comigo.
- ☒ Isto vai doer mais em mim do que em você.
- ☒ Dinheiro não traz felicidade.

algumas cantadas malsucedidas

– A gente já não se encontrou antes?
– Sim, eu sou a recepcionista da clínica especializada em doenças venéreas.

– Será que eu já não te vi em algum lugar?
– Já, é por isso que eu não vou mais lá.

– Este lugar está vago?
– Está, e este aqui também vai ficar se você se sentar aí.

– A gente vai para a sua casa ou para a minha?
– Os dois. Você vai para a sua casa e eu vou para a minha.

– Eu queria te ligar. Qual é o seu telefone?
– Está na lista.

– Mas eu não sei o seu nome.
– Também está na lista.

– Então, o que você faz na vida?
– Eu sou travesti.

– Como você prefere seus ovos no café da manhã?
– Não fecundados.

– Ora, vamos, para com isso: nós dois estamos aqui nessa boate pelo mesmo motivo.
– É... Pra pegar mulher.

– Eu quero me dar a você.
– Sinto muito, eu não aceito esmola.

– Se eu pudesse te ver nua, eu morreria feliz.
– Pode ser. E se eu pudesse te ver nu, eu morreria de rir.

– Eu irei ao fim do mundo por você.
– Aproveita e fica por lá!

O que os filhos pensam do pai

Aos 7 anos: Papai é grande, sabe tudo!
Aos 14 anos: Parece que papai se engana com certas coisas que diz.
Aos 20 anos: Papai está atrasado em suas teorias; não são desta época.
Aos 25 anos: O "coroa" não sabe nada... Está caducando, decididamente.
Aos 35 anos: Com minha experiência, meu pai seria hoje um milionário.
Aos 45 anos: Não sei se consulto o "velho"; talvez pudesse me aconselhar.
Aos 55 anos: Que pena papai ter morrido; a verdade é que ele tinha ideias notáveis.
Aos 65 anos: Pobre papai! Era um sábio! Como lastimo tê-lo compreendido tão tarde.

Uma mulher é transferida para trabalhar em outra cidade. Depois de poucos dias, manda um telegrama ao marido:
– Suplico enviar papéis do divórcio, encontrei companheiro ideal, reúne as condições do novo modelo da Chevrolet.
O marido estranha e vai até a concessionária Chevrolet mais próxima e pede as características do novo modelo.
Esclarece o vendedor:
– Tem motor maior e mais potente. E é mais comprido e mais largo, sobe de rotação mais rápido e mantém rotações altas por mais tempo, o exterior é todo mais bonito, a suspensão é mais dura, tem menor peso, está sempre pronto para ser usado em qualquer terreno e bebe pouco.
Depois de alguns dias o marido manda o seguinte telegrama para a mulher:
– Mandei os papéis do divórcio, encontrei companheira que reúne as condições do novo Jeep.
A esposa, vai até a concessionária e pede as características do novo Jeep. Diz o vendedor:
– É mais resistente, suporta maior peso, tem lubrificação permanente, a carroceria é mais lisa e cheia de curvas, o interior é mais confortável e macio, tem duplo air bag, o escapamento é mais silencioso, não vaza óleo, tem tração na frente e atrás, não faz barulho se a marcha entra raspando e aceita engate na traseira...

Dois advogados estão saindo do fórum quando um vira para o outro e diz:
– E então, vamos tomar alguma coisa?
E o outro prontamente responde:
– Vamos, de quem?

O governador do estado está fazendo uma visita num hospital. Ele está passando por uma ala acompanhado do diretor do hospital, quando vê um homem num quarto masturbando-se ferozmente. A situação é meio constrangedora, e o governador pede uma explicação.

O diretor explica:

– Trata-se de uma doença rara. Este paciente produz uma quantidade anormal de esperma, e ele é obrigado a masturbar-se quatro vezes ao dia para evitar que seus testículos estourem.

O presidente se satisfaz com a resposta e prossegue a visita. Mais adiante, vê um paciente sentado numa cama com uma enfermeira ajoelhada aplicando-lhe uma bela sessão de sexo oral.

– Exijo uma explicação para esta imoralidade num hospital tão conceituado como este.

O diretor responde:

– Mesmo problema, plano de saúde melhor...

Uma moça, que saiu de casa sem roupas de baixo, estava passando pela frente de um bar e teve o azar de tropeçar numa pedra, esborrachando-se no chão.

Com muita agilidade, no mesmo instante se levantou ficou de pé e, com um sorriso meio sem graça, disse:

– Vocês viram minha ligeireza?

E um pinguço:

– Ver eu vi... Mas eu conhecia por outro nome...

O jovem casal – ele míope, ela linda – namora no jardim.

– Querido, tire os óculos, eles estão machucando as minhas coxas.

Logo depois ela reclama novamente:

– Amor, ponha os óculos de novo, você está comendo a grama!

T rês semanas após seu casamento, a moça telefona para o padre que oficiou a cerimônia:

— Padre, eu tive uma briga horrível com meu marido!

— Calma, minha filha! – Responde o padre. – Isso não é tão grave assim. Todo casamento tem sua primeira briga!

A moça responde:

— Eu sei, eu sei! Mas o que é que eu faço com o corpo?

A mãe telefona à meia-noite para o pediatra:

— Que faço, doutor? Meu filho acaba de engolir 50 aspirinas!

— Dá uma dor de cabeça pra ele, minha senhora!

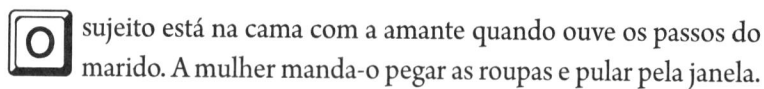

O sujeito está na cama com a amante quando ouve os passos do marido. A mulher manda-o pegar as roupas e pular pela janela. Ele reluta, porque está caindo uma chuva forte mas, não tendo outro jeito, acaba pulando para a rua e cai, por coincidência, no meio de uma maratona.

Ele aproveita e corre junto com os outros, que o olham de um jeito esquisito, afinal, ele está pelado!

Um outro corredor pergunta:

— Você sempre corre assim, pelado?

— Sim! É tão bom ter essa sensação de liberdade.

Outro corredor pergunta:

— Mas você sempre corre carregando sua roupas?

O sujeito não se dá por vencido:

— Eu gosto assim. Posso me vestir no fim da corrida e pegar o carro para ir para casa.

Um terceiro corredor insiste:

— Mas você sempre coloca uma camisinha quando corre?

O sujeito responde:

— Só quando está chovendo!

Um tipo chega a um hospital e dirige-se à recepção:
– Bom dia. Eu fui pai esta noite e gostaria de ver o meu filho.
– Tudo bem, mas tem que se dirigir à maternidade, no 1º andar.
Ao chegar ao 1º andar, ele vê um cartaz:
"BEBÊS MARAVILHOSOS"
Dirige-se à recepção:
– Bom dia. Eu fui pai esta noite e gostaria de ver o meu filho.
– Tudo bem, diga-me o nome dele.
– Manolo.
– Sinto muito, mas não tenho nenhum Manolo aqui na lista. Tente no 2º andar.
Ao chegar no 2º andar, ele vê um cartaz:
"BEBÊS LINDOS"
Dirige-se à recepção:
– Bom dia. Eu fui pai esta noite e gostaria de ver o meu filho.
– Tudo bem, diga-me o nome dele.
– Manolo.
– Sinto muito, mas não tenho nenhum Manolo aqui na lista. Tente no 3º andar.
Ao chegar ao 3º andar, ele vê a placa:
"BEBÊS NORMAIS"
Novamente dirige-se à recepção:
– Bom dia. Eu fui pai esta noite e gostaria de ver meu filho.
– Diga-me o nome dele.
– Manolo.
– Sinto muito, mas não tem nenhum Manolo. Tente no 4º andar.
Ao chegar ao 4º andar, ele vê o cartaz:
"BEBÊS FEIOS"
– Bom dia. Eu fui pai esta noite e gostaria de ver o bebê.
– Tudo bem, diga-me o nome dele.
– Manolo.
– Sinto muito, mas não tenho nenhum Manolo aqui na lista. Tente no 5º andar.

No 5º andar ele vê o cartaz:
"BEBÊS HORROROSOS"
Na recepção:
– Bom dia. Eu gostaria de ver meu filho...
– Tudo bem, qual o nome dele?
– Manolo.
– Sinto muito... Tente no 6º andar.
Ao chegar ao 6º andar, ele vê um cartaz anunciando:
"O MANOLO!!!"

U m gaúcho chegou muito bravo naquele restaurante de carnes exóticas e falou:
– Me vê carne de onça.
O garçom, todo assustado, foi procurar o chefe da cozinha:
– Tem um senhor aí que está muito bravo e pediu carne de onça. Como vamos atendê-lo?
– Carne de onça? Nós nunca tivemos isso por aqui! Deixe-me ver... Temos aqui uma carne de veado. Vou temperá-la bem. Quem sabe ele gosta.
Prepararam a carne e levaram para o gaúcho.
– Senhor, aqui está sua carne de onça.
Ele começou a comer a carne com ânimo.
Mais tarde o garçom, vendo que o gaúcho estava comendo tudo, foi perguntar:
– Está boa a carne?
O gaúcho respondeu:
– Mas, bá, tchê. É fera comendo fera!

V ocê conhece o Papai Noel judeu?
Ele desce pela chaminé com um saco nas costas e pergunta: "Quem quer comprar brinquedo?"

O marido acorda bravo com a mulher:
– Pô, que sonho! Sonhei que estava subindo a escada que leva para o Céu. Levava uma maletinha de giz e em cada degrau escrevia um pecado que havia cometido aqui na Terra. Pelo meio do caminho encontrei você, que vinha descendo de volta.
– E daí?
– Perguntei: "Mulher, o que vai fazer lá embaixo?"
– E o que eu respondi?
– Vou buscar mais giz, que o meu acabou!

N a escola a professora falava dos animais:
– Para que serve a ovelha, Marcinha?
– Pra nos dar a lã, fessora...
– E para que serve a galinha, Marquinho?
– Pra nos dar os ovos...
– E para que serve a vaca, Joãozinho?
– Pra nos dar a lição de casa...

D ois trabalhadores nas Docas de Santos conversam:
– Porra, meu! Você sabe que tem um veado por aqui?
– Não acredito!
– Verdade!
– E quem é ele?
– Não posso contar...
– Deixa disto, cara... Me fala quem é!
– Só se você me der um beijinho...

U ma mulher sofria de terríveis dores de cabeça.

Não havia remédio que ajudasse.

Ela tinha tentado de tudo, até que ouviu falar de um médico que poderia resolver seu problema.

Marcou consulta e foi lá no dia agendado.

O médico a examinou e deu a receita:

– A sua dor de cabeça é de origem nervosa. Faça o seguinte: entre no seu banheiro, tome um banho quente, relaxe e fique durante 15 minutos repetindo para si mesma: "Não estou com dor de cabeça, não estou com dor de cabeça, não estou com dor de cabeça... " A senhora vai ver que sua dor de cabeça desaparecerá em poucos dias.

A mulher foi para casa e fez exatamente o que o médico disse.

Dito e feito!

Em 10 dias a dor havia desaparecido completamente!

Então, ela pensou: se o médico curou minha dor de cabeça tão bem, quem sabe ele não dá um jeito no meu marido, que já não está dando muito no couro...

Falou com seu marido e ele aceitou ir ao médico.

Alguns dias depois ele estava um atleta sexual!

A mulher ficou supersatisfeita com os resultados. Tanto que quis saber qual a receita que o médico havia dado para ele.

Foi devagarzinho até o banheiro, colocou o ouvido na porta e escutou o marido dizendo:

"Não é a minha mulher, não é a minha mulher, não é a minha mulher..."

A mulher chega em casa e flagra o marido na cama com a empregada:

– Mas que coisa feia, Juvenal!
– Feia ela é... Mas como é gostosa!!!

D uas amigas conversam:
— Querida! Estou superfeliz com meus dois namorados!
— Você tem dois namorados?
— Claro... Um é simplesmente lindo, muito carinhoso, sensível e educado!
— E o outro?
— Ah! O outro não é veado...

A viúva vai todos os dias ao cemitério visitar o marido defunto e todos os dias urina sobre a sepultura.
Um dia o coveiro, intrigado, fala:
— Todos vêm aqui chorar seus mortos, mas a senhora vem para urinar na sepultura. Por que isso?
Retruca a viúva:
— Cada um chora por onde sente saudades...

A menininha brincava com seu pai.
Uma hora ela perguntou:
— Pai, alguém já lhe disse que você é o melhor e mais esperto cara do mundo?
O pai, satisfeito, diz:
— Não, minha filha... Ainda não.
— Bom... E de onde você tirou esta ideia?

E ntre mães:
— Consegui com que o meu filho deixasse de roer as unhas.
— Ah, sim? Como você conseguiu?
— Quebrei-lhe os dentes...

Um cara sofre um acidente e tem seu pênis decepado.
No hospital, o médico o examina com muito cuidado e diz:
– Olhe, não se preocupe. Dá para operar e colocar um pênis novo. Um pinto pequeno vai lhe custar cerca de 2 mil dólares. Um pinto médio custa 10 mil. Já um pênis grande vale 25 mil dólares. Converse aqui com sua mulher, faça as contas e me diga o que quer.

O médico sai da sala e o cara fica falando com a mulher.

Quando ele volta, encontra o paciente chorando.

– Mas o que houve? – Pergunta o médico.

E o cara responde, sem parar de chorar:

– Tomamos uma decisão... Minha mulher prefere uma cozinha nova...

Dois vendedores de carro estavam tomando uma cerveja no bar, quando um deles começa a reclamar dos patrões e diz:

– Cara! Seu não vender mais carros este mês, eles vão me foder!

Mas nisso ele nota que havia uma mulher ao lado, escutando a conversa.

Ele pede desculpas pela maneira de falar, e ela responde no ato:

– É!... E se eu não foder mais este mês, eles levam meu carro!

O garoto pediu para o pai:
– Pai, preciso de 50 reais!

– Quarenta reais? Pra que você quer 30 reais? Toma aqui 20 e me traz 10 de troco...

O juiz fala para o réu:
– Você é acusado de bater em sua sogra com um martelo!
Um cara, lá no fundo da corte, grita:
– Mas que filho da puta!
O juiz ordena silêncio imediato. E continua a falar com o réu:
– Você também é acusado de tentar bater em sua mulher com um martelo.
A voz, lá no fundo, outra vez:
– Grande filho da puta!
O juiz avisa:
– Se o senhor se manifestar outra vez eu mando prendê-lo!
E continua com o réu:
– Finalmente, o senhor é acusado de martelar sua cunhada!
E a voz:
– Filho da puta!
O juiz manda um policial ir buscar o cara e trazê-lo a sua presença. Diz para ele:
– O senhor não tem respeito pelo tribunal! Estou no meio de uma acusação e o senhor fica gritando lá no fundo! Vou mandar prendê-lo por isso.
O cara olha para o juiz e explica:
– Não é desrespeito não, senhor Juiz. Eu sou vizinho do réu há mais de 15 anos e toda vez que eu pedia o martelo emprestado, ele dizia que não tinha!

E o boçal foi pedir a mão de uma garota em casamento ao pai dela:
– Então, você deseja se casar com a minha filha?
– Sim, eu vim aqui pedir a bucetinha dela em casamento!
– O quê!? Oh, seu sem vergonha!! Você deveria pedir a mão da minha filha em casamento!!
– Ah, essa não! Eu já estou com o saco cheio de punheta!

Um português sequestra o filho de um milionário e lhe envia uma caixa e uma carta.

Dentro da caixa havia uma orelha.

A carta dizia:

– Esta orelha é minha. A próxima será do menino...

Aquele cara, muito elegante, entrou na farmácia e pediu dez caixas de camisinhas. Pagou e levou.

Na semana seguinte, voltou e comprou mais dez caixas.

E assim, voltava toda semana para comprar camisinhas.

Um dia, o farmacêutico não aguentou e disse:

– Desculpe minha curiosidade, mas todas estas camisinhas que compra é para seu uso?

O cara responde:

– Cruzes! Eu detesto sexo!

– E o que você faz com tanta camisinhas?

– Eu dou para o meu cachorrinho poodle comer... Assim, quando ele caga, a bosta já vem ensacada.

Um sujeito entra no bar e pede uma pinguinha, das boas. Depois de beber, o cara dá um olhadinha dentro do bolso da camisa. Em seguida pede outra.

Outra vez, acaba de beber e olha no bolso.

O barman reparou que toda vez, antes de pedir outra bebida, o sujeito olhava dentro do bolso da camisa.

Curioso, perguntou:

– Desculpe, amigo, mas por que você olha dentro do bolso toda vez que pede uma bebida?

– É simples. Eu olho a foto de minha mulher. Quando ela começar a parecer bonita, já é hora de ir para casa...

Aquele sujeito mostrava seu novo apartamento para os amigos. Um deles vê um enorme sino na sala e pergunta:
- Por que este puta sino aqui?
- Isto não é sino! É o meu relógio falante!
- Relógio falante? Como funciona?
- Vou te mostrar... Veja!

E deu umas tremendas badaladas no sino.

Imediatamente ouviu-se uma voz que vinha do apartamento vizinho:
- Porra!! Para com este barulho!!! Já são duas horas da manhã!!!

Como um casal se comunica

> 1= Durante a lua de mel
> 2= Depois de seis meses de casado
> 3= Depois de 2 anos

1= Boa noite, minha paixão!
2= Tudo bem, tchutchuquinha?
3= Oi, tem algum recado pra mim?

1= Não se preocupe, eu vou comprar o jornal pra você.
2= Você quer que eu compre o jornal?
3= Quem vai comprar o jornal?

1= Eu levo sua mala.
2= Essa mala não está pesada demais?
3= E onde eu vou colocar as minhas coisas?

1= Quero que você experimente a mousse que eu fiz.
2= Voce vai sair do regime?
3= Depois não reclama da celulite.

1= Querida. É a sua mãe ao telefone.
2= Telefone para você!
3= O telefone está tocando!!!

1= Educada essa sua amiga!
2= Simpática essa sua amiga!
3= Gostosona essa sua amiga!

1= Quero levar você para as ilhas gregas.
2= Que tal irmos para o Guarujá?
3= Não estamos bem aqui?

1= Espero que você goste da pulseira.
2= Um liquidificador é sempre útil.
3= Compre o que você quiser.

1= Adoro fazer compras com você.
2= Você está com a lista de compras?
3= Você realmente quer que eu vá?

1= Que filme você quer ver?
2= E se fôssemos ver *Avatar*?
3= Eu já vi *Avatar*. Você devia ver.

1= Me conta como foi seu dia.
2= Tudo bem?
3= Estou exausto.

1= Alô, é o meu amorzinho?
2= Alô, é você?
3= Escuta aqui...

1= Concordo plenamente com você.
2= Imagine! Não é bem isso!
3= Mas que raios você está falando?

1= Sabe que você cozinha muito bem?
2= O que vai ter para o jantar?
3= Frango de novo?!

1= Ficou lindo o seu cabelo.
2= Eu gostava mais deles antes.
3= Não notei nada de diferente.

1= Posso acender seu cigarro?
2= Vê se pelo menos não fuma o filtro!
3= Aqui neste carro não se fuma!

1= O que eu posso lhe oferecer para beber?
2= Você gostaria de um martini?
3= Cadê o gelo?

1= Este vestido fica ótimo em você.
2= Mais um vestido novo?
3= Quanto custou?

1= Te amo.
2= Mas é claro que te amo.
3= Se não gostasse de você, não estaria aqui.

E perguntou o juiz àquele cara:
— Existe alguma razão para você não ser jurado neste processo?
— Bem... Eu não posso ficar muito tempo sem ir ao meu trabalho.
— Você é tão importante assim?
— Não, senhor... Mas eu não quero que meu patrão perceba isso!

N aquele canteiro de obras, o mestre reclamava para o engenheiro-chefe:
— Nós temos aqui uma meia dúzia de vagabundos que não querem nada com o trabalho!
— Quem são eles?
— São aqueles cinco homens ali, sentados.
— Pode deixar. Vou arranjar um trabalho para eles.
O engenheiro foi até lá e disse:
— Preciso de uns trabalhadores para um serviço mole, mole e com pagamento em dobro. Alguém aí se habilita?
Quatro levantaram a mão. O quinto ficou quieto.
— Por que você não levantou a mão?
Responde o cara:
— Ah, doutor... Dá muito trabalho...

O sujeito estava pescando na lagoa, às sete da manhã, quando começa a garoar.

Ele, um pescador fanático, não liga para a garoa e continua pescando, mas meia hora depois cai um verdadeiro toró e ele não tem outra escolha senão voltar pra casa.

Chegando em casa, frustrado, ele tira a roupa e se deita ao lado da sua esposa, que ainda dormia.

– Como está o tempo lá fora? – Pergunta a mulher, entre bocejos, sem tirar a cabeça de baixo do travesseiro.

– Uma droga! Tá caindo um toró que parece que vai acabar o mundo!

– Ha, ha, ha – Ri a mulher. – E o bundão do meu marido foi pescar!

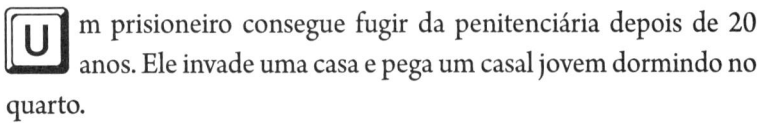

Um prisioneiro consegue fugir da penitenciária depois de 20 anos. Ele invade uma casa e pega um casal jovem dormindo no quarto.

Amarra o marido numa cadeira e a mulher na cama.

Vai na cama e beija o pescoço da mulher. Em seguida, ele se levanta e sai do quarto.

O marido, falando o mais baixo possível, diz para sua mulher:

– Querida, este cara não vê uma mulher há anos. Eu vi ele te beijando no pescoço. Por favor, quando ele voltar, coopere com ele. Se ele quiser transar com você, aceite e finja que está gostando. Nossas vidas dependem disso!

E a mulher responde:

– Querido, ainda bem que você pensa assim! Você está certo, ele não vê uma mulher há anos. Mas ele não estava me beijando no pescoço... Ele estava sussurrando no meu ouvido... Ele me disse que achou você lindo e perguntou se tinha vaselina no banheiro...

T arde da noite, o padre está passando perto de um cemitério quando ouve um gemido:

– Aaahumm... aaahumm... aaahumm...

Assustado, ele ameaça sair correndo, mas logo se lembra do vexame a que ficaria exposto e muda de ideia.

Se enche de coragem, segura firmemente no crucifixo que traz no bolso e pergunta para a voz:

– O que é que essa pobre alma está precisando?

E a voz responde:

– Papel higiênico!

O gaúcho macho chega alucinado no consultório do médico e berra.

– Doutor, tchê, eu estava andando pelo mato, escorreguei e caí em cima de um toco.

Então abaixou as bombachas e jogou a bunda em cima da mesa.

O médico, após rápida análise, concluiu:

– Isto aqui não foi toco, não, foi é pinto mesmo!

– Que que é isso, doutor, tá me estranhando? Foi é toco!!!

– Com a minha larga experiência te digo que isso foi piroca.

– Mas bah, tchê! Foi toco, doutor.

– Foi piroca, meu amigo.

– Foi toco.

– Tá bem, então vamos fazer o seguinte: aqui tem este remédio que é para toco, e tem este outro que é para piroca. Se você levar para toco e for piroca você morre, e vice-versa.

O gauchão macho olhou bem para os dois remédios e escolheu um.

– Tá certo, tchê! Eu vou levar o de piroca, mais que foi toco, foi!!!

Altas horas da madrugada, o cara chega em casa caindo de bêbado. A mulher estava acordada e esperando por ele com um relógio na mão:

– Olha aqui... quatro e trinta e cinco!

E ele, sem tirar os olhos do relógio:

– Oba! Por esse preço... até que é bonitinho!

Numa roda de amigos, no boteco, um deles pede ao garçom uma dose dupla e vira de um só gole.

E resmunga, com ar abatido:

– A coisa está preta! Minha mulher decretou que só vamos transar duas vezes por semana.

O companheiro ao lado bate em suas costas e procura consolá-lo:

– Calma, calma, imagine que podia ser pior. Com alguns de nós, por exemplo, ela reduziu para uma!

Um jovem executivo estava saindo do escritório, quando vê o presidente da empresa em frente à máquina de picotar papéis com um documento na mão.

– Por favor – diz o presidente —, isso é muito importante, e minha secretária já saiu. Você sabe como funciona essa máquina?

– Lógico! – Responde o jovem executivo. Ele liga a máquina, enfia o documento e aperta um botão.

– Excelente! Muito obrigado – agradece o presidente. – Eu preciso só de uma cópia. Onde sai?

B atem na porta e a mulher vai atender:
— Buenas tardes, señora! Soy paraguayo e su marido me ha contratado para matar usted...
— Para quê?!?
— Paraguayo, señora!

U m casal recém-casado vai visitar os amigos.
Estão conversando e, de repente, falam sobre filhos. A jovem esposa é do tipo maternal e diz:
— Eu quero ter três filhos.
O marido contesta:
— Ah, eu só quero dois! Depois do segundo eu faço vasectomia!
A mulher retruca imediatamente:
— Espero que você ame o terceiro como se fosse seu!

A mulher vai à funerária para acertar os detalhes do enterro de seu marido. Ela diz ao funcionário que quer que ele seja enterrado num terno azul-marinho.
Pergunta o funcionário:
— Não seria melhor enterrá-lo neste terno preto que ele já está usando?
Ela insiste no terno azul-marinho e lhe entrega um cheque para comprar um. Quando volta para o velório, ela vê seu marido, no caixão, vestindo um belo terno azul.
Ela chama o funcionário, diz que adorou o terno e pergunta quanto foi.
E o funcionário responde:
— Na realidade, não custou nada! Assim que a senhora saiu daqui, chegou outro defunto com um terno azul. Ele era praticamente do mesmo tamanho do seu marido, então eu perguntei à viúva se ela se importaria que seu marido vestisse um terno preto. Ela disse que por ela, tudo bem. Então... eu só troquei as cabeças.

O negão encontrou um gênio da garrafa:
– Você me libertou, meu amo! Pode pedir o que quiser!
– Quero ser branco e viver com um monte de mulheres em cima de mim!

O gênio fez um gesto e "Shazam!", transformou o negão numa privada.

O português foi no puteiro e pediu uma puta bem sacana.
Lá foram os dois para o quarto, quando a mulher propôs:
– Que tal um 69?
– 69? Que porra é esta?
– É assim, ó...
E lá estavam os dois naquela chupação, quando de repente a mulher solta um peido daqueles bem podres, estilo guerra química. O portuga se levanta, putaço:
– A senhora vai dar os outros 68 lá na puta que te pariu!!!

Duas freiras se dirigem ao refeitório para o café da manhã. No caminho cruzam com a madre superiora, que parecia estar de péssimo humor.

As duas freiras a cumprimentam, e a madre responde com um grunhido. Uma das freiras comenta com a outra:
– Nossa! A madre superiora deve ter se levantado do lado errado da cama!

A outra responde:
– Ou mais certo: "levantado com o pé esquerdo..."

E a primeira responde:
– Pode ser que tenha levantado com o pé esquerdo... mas assim mesmo levantou do lado errado da cama porque está com os sapatos do padre Antônio!

O bêbado entra no ônibus lotado, se espreme daqui, se espreme dali, vai se esgueirando até mais à frente.

Na primeira freada brusca, ele cai por cima de uma beata senhora que, irritada, prognostica:

– Talvez o senhor não saiba, mas vai para o inferno!!!

E o bêbado, puxando a campainha desesperadamente:

– Para, motorista! Para, que eu peguei o ônibus errado!

O negão entrou no puteiro cheio de marra:

– Aqui não tem mulher que aguente o meu pau!

E botou pra fora uma peia deeeesse tamanho, duro feito pedra.

– Olha só o que eu faço com ele!

Pegou um prego, colocou na mesa e pá, pá, pá!, martelou o dito cujo com a ponta do pinto.

As damas da zona nem deram bola.

O negão ficou fulo:

– Que é? Não ficaram impressionadas não, porra?

A cafetina deu um bocejo e gritou lá pra dentro:

– Ô Maria Carrapeta! Vem mostrar pro babaca aqui do que você é capaz!

Chega uma negona de dois metros, cheia de músculos e com um grelo deeeesse tamanho. Ela abaixa a calcinha, agacha na mesa e tchum!, arranca o prego com a boceta!

De madrugada em Brasília, a primeira-dama acorda na cama de casal do Palácio do Planalto.

Cutuca o maridão ao lado e fala dengosa no seu ouvido:

– Querido, vamos fazer uma sacanagem?

E ele, todo empolgado:

– Vamos sim. Cadê a caneta? Cadê a caneta?

Um cara limpando uma fossa despenca lá dentro e quase morrendo afogado, grita:
– SOCORRO! FOGO! FOGO!
Os vizinhos rapidamente chamam os bombeiros, que chegam logo.
Já fora do buraco, o comandante da operação chega para ele e pergunta:
– Cadê o fogo que você falou?
E ele responde:
– O senhor acha que se eu gritasse "MERDA! MERDA!" vocês iriam me salvar?

Chegaram juntos ao céu um advogado e um Papa. São Pedro mandou o advogado se instalar em uma bela mansão de 800 metros quadrados, no alto de uma colina, com pomar, piscina etc.
O Papa, que vinha logo atrás, pensou que seria contemplado com um palacete, mas ficou pasmo quando São Pedro disse que ele deveria morar numa kitinete na periferia.
Irritado, o Santo Padre observou:
– Não estou entendendo mais nada! Um sujeitinho medíocre, como esse simples advogado, recebe uma mansão daquela e eu, Pontífice da Igreja do Senhor, vou morar nessa espelunca!
Ao que São Pedro respondeu:
– Espero que Sua Santidade compreenda! De Papa o céu está cheio; mas advogado, esse é o primeiro que recebemos!

Juiz apitando uma partida de vôlei com leprosos:
– Mão na rede!!!!
Jogadores (todos):
– É minha! É minha!

A mulher está na cama, prestes a morrer. Seu marido segura-lhe a mão, sentado na beira da cama. Lágrimas correm-lhe pela face. Um quadro supertriste.

A mulher tenta falar:

– Querido...

O marido a interrompe:

– Shhhh... Não diga nada.

Mas ela insiste com sua voz cansada e trêmula:

– Querido, deixe-me falar. Tenho que te confessar algo...

O marido, aos prantos:

– Você não tem nada a confessar. Está tudo bem...

– Não está nada certo. Se eu não te confessar isso eu não vou morrer em paz: eu te traí!

O marido aperta-lhe a mão afetuosamente e responde:

– Não te preocupe com isso. Eu já sabia. Por que você acha que eu te envenenei?

Três velhinhos estavam conversando.

Disse o primeiro:

– Tenho 75 anos, mas estou em plena forma. Só meu estômago é que anda rateando um pouco. Outro dia comi uma feijoada, acompanhada de umas e outras. E depois me senti meio pesado, sonolento...

Disse o segundo:

– Eu tenho 78 e também estou legal, mas acho que minhas pernas andam fraquejando. Ontem joguei uma pelada na praia, depois nadei uns dois quilômetros. À noite, minhas pernas estavam um pouco doloridas.

O terceiro conta:

– Já eu tenho 80 anos e não sinto esses problemas. Só minha memória está começando a falhar. Ontem, de madrugada, eu bati na porta do quarto da empregada; ela acordou assustada e falou: "Que é isso, seu Juca? Outra vez?"

A amiga diz para a outra:
– Todos os meses leio na minha revista que o cigarro faz mal à saúde, dá câncer e diminui o tempo de vida.
– E então, você vai parar de fumar?
– Não. Vou parar de ler a revista.

O sujeito entra num bar, senta-se à uma mesa e logo um garçom aparece para atendê-lo.
– Boa noite, o que o senhor toma?
– Eu tomo vitamina C pela manhã, o ônibus para ir ao serviço e uma aspirina quando tenho dor de cabeça.
– Desculpe, mas acho que não fui claro. Eu quis dizer o que é que o senhor gostaria?
– Ah! Tudo bem! Eu gostaria de ter uma Ferrari, de comer a Feiticeira e mandar a minha sogra para o inferno.
– Não é nada disso, meu senhor! – Continuou o garçom, ainda calmo. – Eu só gostaria de saber o que o senhor deseja beber.
– Ah! É isso? Bem... o que é que você tem?
E o garçom:
– Eu? Nada, não! Só tô um pouco chateado porque o meu time perdeu para o São Caetano!

No consultório de terapia sexual a paciente se queixa:
– Doutor, há dez anos tenho feito amor com meu marido deitada do lado esquerdo, mas já estou cansada dessa posição!
– É simples! Por que não passa para o lado direito?
– Não daria certo, doutor! Nessa posição não dá para assistir à novela!

Um caminhoneiro foi deixar uma carga de mercadorias que a firma dele havia vendido.

Chegando no vilarejo, encontrou um desses armazéns que vendia de tudo, de pinga a aspirina.

O caminhoneiro, depois de tantos dias na estrada, não aguentava mais o silêncio, de não falar com ninguém. Então resolveu puxar conversa com o balconista:

– Pois é, o amigo não viu o caso do Papa? Sofreu um acidente, baixou no hospital.

O balconista interrompe:

– Sabe o que é, o amigo não leve a mal, mas é que eu não gosto que falem de religião. Pode dar confusão, sabe...

O caminhoneiro, pra ser amável, disse:

– Tá certo, o amigo tem razão. Então, sobre a copa, o amigo não acha que...

De novo o balconista:

– Não leve a mal, mas não gosto também que falem de futebol. Sempre dá confusão.

O caminhoneiro passou a mão na cabeça, pediu outra pinga, e disse:

– E nas eleições, o amigo não achou que...

– O amigo me desculpe, mas falar de política também dá confusão...

E o caminhoneiro, já puto da vida:

– E sexo? Posso falar de sexo?

O balconista balançou a cabeça, deu um sorriso, e disse:

– Ah, de sexo o senhor pode falar sim, quando quiser!

– Então vai tomar no cu!

Ditas ou Ouvidas

famosas últimas palavras

- Atira se for homem!
- As chances disto acontecer são uma em um milhão...
- Amor! Traga um garfo que eu conserto esta torradeira!
- Bobagem! Provavelmente é só uma coceirazinha!
- BUU! Te assustei, hein, vovó?
- Calma gente, eu também sou Corinthiano! Essa camiseta do Palmeiras não é minha...
- Pai, por que aquele homem tá apontando uma arma pra você?
- Calma, amigo! Eu sou só o encanador...
- É o fio vermelho! Eu tenho certeza, pode cortar!
- É uma cirurgia simples...
- Acho que este avião está descendo muito rápido!!!
- Estes cogumelos não são venenosos. Eu conheço!
- Eu vi o cara fazer isso na televisão!
- Anote aí! Eu vou quebrar o recorde mundial...
- Fica frio, o navio desviou do iceberg.
- Hei! Essa aí é a minha mochila, seu paraquedas tá aqui...
- Já fiz antes! Faço de olho fechado!
- Vou mergulhar, mas você tem certeza que aqui não tem tubarão?
- Me liberte ou me mate!
- Não levo desaforo para casa...
- O que o padre está fazendo aqui?
- O que pode acontecer se eu apertar este botão?
- Olhe, mamãe! Com uma mão só!
- Papai vai consertar, mas você desligou a chave geral do jeito que eu falei, filhinho?
- Peraí, repete... Você é um serial o quê?

- Pode passar, que não vem ninguém.
- Pula que eu te seguro.
- Que bichinho engraçado! Tem um espinho no rabo...
- Que caminhão?
- Que nada! Ele está só hibernando!
- Que vela engraçada! Pai, o que significa TNT?
- Segura firme que você não cai!
- Sim, já assinei o testamento, por quê?
- Tá bom, eu brinco, mas como é essa tal de "roleta russa"?
- Pai, eu tava brincando com aquela bolinha verde e esse pino saiu...
- Tem certeza que seu marido não vai chegar?
- Tranquilo! Este leão é manso...
- Xxxa comigo! Eu até dirijo melhor quando tô bêbado.
- Que estranho!
- Eu sou um turista e estou perdido... Pode me ajudar?

institutos médicos legais

Para onde vão os corpos nas regiões do Brasil:

Porto Alegre – Instituto Médico Trilegal

Rio – Instituto Médico Manero

Belo Horizonte – Instituto Médico Chique Demais da Conta

Ceará – Instituto Médico da Muléstia

Brasília – Instituto Médico Fera, Veio

São Paulo – Puta Instituto Médico, Meu

Bahia – Instituto Médico Arretado

Pernambuco – Instituto Médico Porreta

Piauí – Instituto Médico Pai D'égua

Vários amigos resolveram passear pelo safári quando um deles desaparece do grupo e depois de algum tempo reaparece calado e com uma aparência suspeita.

Após o término do passeio este amigo desaparece, não sendo mais visto entre os demais.

Preocupado, o amigo mais próximo resolve visitá-lo, e fica surpreso com aparência abatida do sujeito.

– Cara, o que foi que aconteceu? Você sumiu desde o último passeio ao safári.

– Bem eu não tenho coragem de contar o que aconteceu naquele dia.

– Mas o que é isto, eu sou seu melhor amigo, se você tem algum problema que eu possa ajudar, por favor, pode confiar em mim.

– Está certo, é que naquele dia eu fui estuprado por um gorila.

– Nossa, que constrangedor, mas não se preocupe, é claro que eu não vou contar absolutamente nada a ninguém, eu prometo.

– Eu confio em você. Mas a minha preocupação é com o gorila.

– Bem, só eu e você sabemos, não se preocupe.

– Mas e o gorila? – Pergunta com voz desolada.

– O gorila não fala, não se preocupe.

– Pois é... não fala, não telefona, não me manda um e-mail, uma carta, nada... Minha vida não tem mais sentido.

Diz o marido para a mulher:
 – Lembra como éramos felizes 30 anos atrás?
– Como assim, nem sequer nos conhecíamos!!??
– Por isso mesmo.

O sujeito, muito desconfiado, chegou na rodoviária, foi ao guichê e pediu uma passagem.

O vendedor perguntou-lhe:

– Mas para onde o senhor vai?

O passageiro:

– Deixa de ser intrometido. Dá aqui o bilhete e não se mete na vida alheia!

O crioulo arrumou uma festa a fantasia pra ir e pediu à esposa pra comprar uma fantasia.

À noite, quando chegou em casa, ele foi para o quarto e viu uma fantasia de Super-Homem na cama.

Muito puto, ele falou pra mulher:

– Porra mulher, que fantasia é essa! Você já viu um Super-Homem preto? Troca essa porra!

No outro dia a mulher foi na loja e trocou por uma do Batman. Novamente à noite:

– Caralho mulher, tu és burra mesmo, hein! Tu já viste um Batman crioulo?! Troca essa porra direito!

Muito puta, a mulher foi pra loja e novamente fez a troca.

À noite, o marido chegou em casa e no seu quarto estavam três botões grandes brancos; um cinto bege e um pedaço de madeira comprido.

O marido estranhou e perguntou à mulher:

– Que fantasia é essa?

A mulher respondeu:

– Tire sua roupa e cole os botões na frente do corpo e você vai fantasiado de dominó! Se não gostar, você pode colocar o cinto bege e vai vestido de biscoito de chocolate recheado de baunilha! Se ainda assim você não gostar, pegue o pedaço de pau, enfia na bunda e vai fantasiado de picolé de chocolate!

A mulher, péssima cozinheira, choraminga para o marido:
– Querido, aquele bife à... sniff... à parmegiana que eu fiz para você... sniff...
– O que aconteceu com ele, meu bem?
– O cachorro... sniff... comeu! Buááááá...
– Meu bem, não fica triste não! Não precisa chorar só por causa disso. Amanhã, eu compro outro cachorro para você.

O proprietário de vários cavalos de corrida chega em casa e encontra sua mulher na cama com seu jóquei.
Frio, controlado, dirige-se a ele e diz:
– Pode começar a procurar outro emprego, Jarbas. Essa foi a última vez que você montou para mim.

É primavera. A cigarra, toda esportiva e de violão às costas, encontra no caminho a formiga, carregando uma folha bem maior do que ela.
– Olá, querida. Sempre trabalhando, hein?
– Pois é – responde a formiguinha, enquanto enxuga o suor. – E você, o que está fazendo?
– Estou indo para Paris. Paris sempre é uma festa. Você quer alguma coisa de lá?
– De que jeito? Sou uma pobre coitada...
– Ora, deixe disso. Diga, qualquer coisa, uma lembrancinha... – a cigarra insiste.
– Bem, já que insiste, vou lhe pedir um favor. Se você encontrar por lá um tal de La Fontaine, mande-o à puta que o pariu...

Salim, em suas últimas horas, deitado em seu leito de morte, chama então seu filho mais velho e fala:
— Meu filho, está vendo este relógio aqui?
E mostra um relógio antiquíssimo, de ouro, a seu filho.
— Ele foi do meu bisavô, que passou para meu avô, que passou para o meu pai, o qual passou para mim... Quer comprar?

O português foi ao correio e perguntou:
— Quanto é para mandar uma carta para Lisboa?
— Três reais.
Achando caro, vai embora.
Daqui a pouco ele volta:
— E cinco cartas, quanto é?
— Quinze reais, claro!
Novamente, ele vai embora e depois volta:
— E dez cartas, quanto é?
Irritado, o homem do correio fala:
— Escuta aqui, não é melhor você me dizer quantas cartas quer mandar para eu calcular?
— Eu quero mandar o baralho inteiro.

O cumpadi vem andando na direção do bar, vem com o paletó todo rasgado e ensanguentado.
O outro cumpadi vê aquela presepada e pergunta:
— Cumpadi! O que aconteceu com ocê?
— Nada cumpadi, tava no enterro da minha sogra.
— Mas tu volta assim, todo rasgado e melecado de sangue!
— É que ela não queria entrar no caixão de jeito manera!

O mais mulherengo e cafajeste de todos os homens da paróquia ajoelha-se no confessionário:
– Vim me confessar, seu padre.
– Quais são seus pecados, meu filho?
– Muitos, mas o mais recente é o caso que tive com uma senhora casada desta paróquia.
– Diga-me o nome dessa senhora, meu filho.
– Isso não seria direito, padre.
– Diga-me, não foi a esposa do farmacêutico, aquela loura?
– Não, não!
– Ah, meu filho. Então foi a mulher do promotor.
– Também não.
– Ah, já sei: só pode ter sido a irmã da dona Julinha!
– Não. Nenhuma dessas, padre.
– Se você não me confessar quem foi, eu não poderei lhe dar a absolvição...
O pecador se zanga e sai bruscamente do confessionário.
Na porta da igreja encontra um amigo que lhe pergunta:
– O padre o absolveu?
– Não. Mas me deu três dicas sensacionais!

– Recruta! Por que você não me fez continência?
– O senhor me desculpe, capitão, eu não vi o senhor!
– Ah, bom! Pensei que você estivesse de mal comigo.

Em um certo sermão, Jesus disse:
– Em verdade, em verdade vos digo: $ax^2 + bx + c = 0$
– Mas mestre...
– Podes não entender, Pedro. Mas isto é uma parábola.

E um casal está, desesperadamente, tentando ter um filho.
Consultaram todos os médicos, fizeram todos os exames, tentaram todos os métodos...

Em vão.

Até o dia em que ouvem falar de um superprofessor americano que consegue milagres.

Eles compram uma passagem para os Estados Unidos e vão consultar o professor.

Como eles não falam inglês e nem o professor fala português, este dá a entender por gestos que ele quer que eles pratiquem sexo para que ele possa diagnosticar.

Inicialmente sem jeito, o casal começa a "trabalhar".

O professor os examina sob todos os ângulos, e depois de um tempo manda-os parar.

Vai até a mesa dele e escreve uma receita.

Superfeliz, o casal volta para casa.

Assim que chega, o marido vai à farmácia e pergunta:

– O senhor tem Triteoterol?

O farmacêutico responde:

– Triteoterol? Triteoterol? Não conheço. O senhor tem a receita?

O sujeito dá a receita ao farmacêutico.

Esse lê e responde:

– O senhor leu errado. Está escrito "Try the Other Hole"!

Um casal passeava de bote no meio de um lago, quando, subitamente, desabou uma tempestade.

O homem, apavorado, começou a implorar:

– Oh, Deus meu, salva nossas vidas que eu te prometo deixar de fumar, te prometo deixar de beber, te prometo nunca mais jogar, te prometo...

A moça, toda aflita, interrompe com um grito desesperado:

– Não prometas tudo, João. Rema! Rema!

A bichinha chega na funerária e pergunta:
– Tem caixão preto?
– Temos sim, senhor!
– Com argolinhas pretas?
– Sim, senhor!
– Com alças pretas?
– Também, senhor!
– Todo forrado de preto?
– Sim...
– Credo! Que medo!

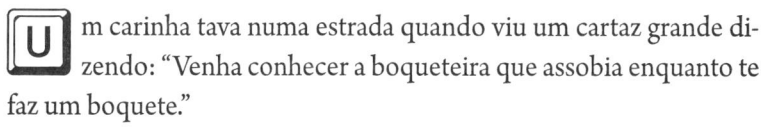

Um carinha tava numa estrada quando viu um cartaz grande dizendo: "Venha conhecer a boqueteira que assobia enquanto te faz um boquete."

Ele não pensou mais que uma vez e já estava na recepção do local, pagando os mil reais exigidos pela recepcionista.

A recepcionista apenas pediu pra ele levar um copo com água para o quartinho dos fundos.

Ele estava tão ansioso que nem pensou para quê aquilo serviria e levou rapidamente.

Chegando no quartinho, tinha uma loira animalmente bonita que veio em sua direção, pegou o copo com água, colocou-o sobre o criado-mudo, abaixou as calças do cidadão em questão, apagou a luz e começou a fazer um boquete espetacular.

O cliente estava muito satisfeito e ainda ouvia ela, no escuro, assobiar U2, Mozart, É o Tchan e uma porrada de músicas enquanto fazia o boquete.

No final, extasiado e aliviado, o cliente perguntou:
– Por que eu tive que trazer aquele copo com água para cá?
E a loira sem muita cerimônia respondeu:
– É pra colocar o meu olho de vidro...

No INSS, a loira está sendo entrevistada por um funcionário para um pedido de pensão.
– Quantos filhos você tem?
– Dez.
– Como eles se chamam?
– Bernardo, Bernardo, Bernardo, Bernardo, Bernardo, Bernardo, Bernardo, Bernardo, Bernardo e Bernardo.
– Eles se chamam todos Bernardo? E como você faz para chamá-los quando eles estão brincando?
– Fácil. Grito Bernardo, e todos vêm.
– Mas se você quiser falar com um em particular?
– Aí eu chamo pelo sobrenome.

A menina vai se casar e a mãe, toda preocupada, quer ir junto:
– Pelo amor de Deus, mãe! Não dá pra senhora ir na minha lua de mel!
– Então manda um telegrama dizendo como foi.
– Também não dá, mãe! Como eu vou chegar no correio e dizer aquelas coisas todas? Vou ficar com vergonha!
– Então, faz o seguinte: se tudo correr bem, você manda um telegrama em latim dizendo "Consumatum Est". Pronto. Ninguém fica sabendo de nada.
No dia seguinte à lua de mel, a mãe recebe um telegrama da filha com os seguintes dizeres: "Mãe, consumatum est... e oeste também!"

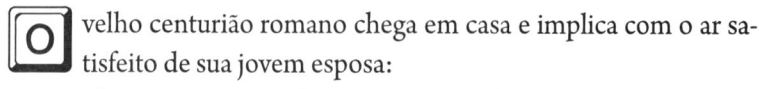

O velho centurião romano chega em casa e implica com o ar satisfeito de sua jovem esposa:
– Tibéria, não vai me dizer que você andou dando a César o que não é de César!

Toda segunda-feira, dois casais de idosos, amigos há décadas, encontram-se para jogar dominó.

Num dos encontros, Antônio comenta, animado:

– Minha memória vinha piorando muito, mas fiz um curso especial para potencializá-la que vem sendo muito útil!

– Oh, me parece uma ótima ideia – elogia o amigo. – Também estou precisando de um reforço para a memória. Como é o nome do curso?

– Se chama... Hum... me parece... meu São Cristóvão! Como se chama mesmo aquele tipo de flor que tem espinhos?

– Rosa?

– É isso! – Exclama Antônio, e se vira para a mulher: – Rosa, como diabos se chama aquele curso que fiz recentemente?

O alemão vem para o Brasil, casa com uma brasileira, realiza seu sonho e vai morar em uma casa com a sogra.

Pois bem... Esforçando-se para falar português, o alemão vive confundindo os "as" com os "os", e a mulher sempre corrigindo:

– Me dá "o" garrafa!

– Não é "o" garrafa. É "a" garrafa!

– Me compra "a" jornal.

– Não é "a" jornal. É "o" jornal!

E a coisa foi indo por aí, até que um dia, quando a mulher está subindo as escadas da casa, carregada de compras, pisa em falso e despenca escada abaixo.

Toda arrebentada, dá um grito chamando a mãe:

– Acuda, mãe!

No que o alemão, querendo demonstrar seus conhecimentos da língua, corrigiu:

– O artigo estar errado...

A o fim do expediente, o sexologista vai analisar as anotações do dia e descobre que os dados de um dos casais atendidos são completamente discrepantes.

No quesito "'frequência de relações", o marido informara "duas ou três vezes por semana", enquanto a mulher dissera "várias vezes por noite".

Resolve telefonar para eles.

A esposa atende e explica:

– É isso mesmo, doutor. Os dados estão realmente corretos. Mas isso é apenas uma situação temporária, pelo menos até terminar de pagar o apartamento...

– Olhe, querido, sexo explícito na tevê!
 – Bota os óculos, sua doida, é Fidel Castro comendo banana.

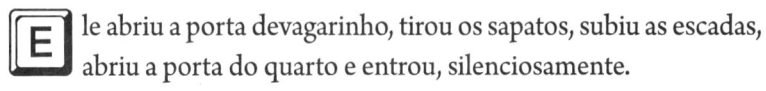

E le abriu a porta devagarinho, tirou os sapatos, subiu as escadas, abriu a porta do quarto e entrou, silenciosamente.

Na hora em que ia se deitar ao lado da esposa, ela perguntou, meio dormindo:

– É você, Fifi?

O marido, contando a um amigo o final do caso, disse:

– Minha sorte é que eu tive uma tremenda presença de espírito: lambi a mão dela...

U m médico operou um homem cego, e ele ficou curado.
 Em agradecimento, ele desenhou um grande olho de vidro e enviou para o médico. O médico agradeceu:

– Obrigado, mas não precisava.

– Ah, mas eu fazia questão de agradecer.

– Agradeço de qualquer maneira, mas... já pensou se eu te curasse da hemorroida?

O cara entrou no trem, correu pra janela e gritou para o casal que o acompanhara:

– Tchau, Zeca! Adorei o fim de semana! A tua mulher é ótima de cama, muito boa mesmo!

Intrigado, o passageiro ao lado não conteve a curiosidade:

– Desculpe. Não me leve a mal, mas não pude deixar de escutar. O senhor disse mesmo para o cara ali que a mulher dele era... boa de cama?!

E o outro confessou baixinho:

– Sabe como é... Ela até que é bem ruizinha, mas eu não quis chatear o Zeca, que é um amigão!

M arido e mulher estão jantando quando uma loura lindíssima se aproxima da mesa, beija o homem, vira as costas e vai embora.

– Quem é essa atrevida? – Pergunta a mulher, indignada.

– Minha amante, oras.

– Amante? Pois eu exijo o divórcio já!

– Se você está disposta a abrir mão das joias, da casa na praia, das férias todo ano na Europa, tudo bem...

Silêncio na mesa.

Os dois continuam jantando, até que a mulher percebe, no mesmo restaurante, um amigo do casal com uma desconhecida.

– E quem é aquela mulher com o Rodrigo?

– É a amante dele, oras.

– Ah! Nem se compara! A nossa é muito mais bonita!

Um neguinho tava brincando no cal e quando percebeu estava todo sujo.

Foi para casa correndo e quando chegou lá, disse:

– Olha mãe, fiquei branco!

E a mãe disse:

– Oh menino, você está todo sujo de cal. Vá se limpar!!! Vá tomar banho!!!

E o menino saiu e encontrou seu pai:

– Olha pai, fiquei branco!

E o pai disse:

– Mas menino, se cuide! Vá tomar banho. Você está todo sujo de cal!

O menino saiu todo triste, e quando encontrou a irmã, foi alegremente dizendo:

– Olha mana, fiquei branco, todo branco!

– Se toca menino! Você está é sujo de cal. Vá se limpar!

O menino saiu e, num ar de sussurro, disse:

– Só sou branco há 5 minutos e já tenho raiva de três pretos!!!

N um fim de tarde, vinha uma linda mulher retornando para sua casa, que ficava numa rua sem saída, quando ouviu um "psiu", como que a chamando. Olhou para os lados e percebeu que estava sozinha na rua. Andou mais um pouco e, novamente, ouviu aquele "psiu". Parou no meio-fio, fingiu que estava examinando o salto de seu sapato e vasculhou com seu olhar toda a rua: ninguém! Pensou: "Devo estar maluca! Estou começando a ouvir coisas!"

Foi quando ouviu realmente uma voz:

– Olha, sou eu aqui embaixo...

Ela se assustou, mas olhou para o chão e viu um enorme sapo cururu. E ele falou:

– Não se assuste, sou eu mesmo falando, mas deixe-me explicar o que está acontecendo!

Mesmo assustada, ela começou a se interessar pela situação, pois não é todo dia que se encontra um sapo falante! Abaixou-se com cuidado, para examinar melhor e perguntou:

– Mas como é que você fala?

– Na verdade eu não sou um sapo. Sou um príncipe que, há muitos anos, uma bruxa malvada encantou e transformou neste horrível animal.

– Mas você vai ficar para sempre assim?

– Não! O meu encanto, felizmente, acaba hoje!

– Então, por que você não volta a ser um príncipe?

– Acontece que, para o encanto se quebrar, está escrito que neste dia uma bela mulher deverá me tomar em suas mãos, me levar para casa. Lá, ela deve estender sobre a cama um lençol branco, alvíssimo, onde eu serei colocado. Ela, então, deve deitar-se, nua, ao meu lado e fechar os olhos. Quando isso acontecer, eu volto à minha forma normal de príncipe. Você é a minha salvação!!!

– Espera aí, eu não posso fazer isso... – disse ela, se afastando com nojo.

Mas o sapo tanto implorou que ela não teve outra saída: compadecida, levou o sapo para casa, estendeu o lençol branco na cama e deitou-se, nuazinha, ao seu lado.

E qual não foi a surpresa dela, quando aquele sapo horroroso foi se transformando num belo e formoso príncipe!

Bem... Não sei se esta história é verdadeira! Mas foi isto que a mulher contou quando o marido chegou mais cedo em casa e a encontrou nua, na cama, com um cabo da Polícia Militar...

Melhore seu vocabulário!

maneiras eruditas de citar provérbios populares

- ☒ Prosopopeia flácida para acalentar bovinos
  (Conversa mole para boi dormir)

- ☒ Colóquio sonolento para gado bovino repousar
  (História para boi dormir)

- ☒ Romper a face
  (Quebrar a cara)

- ☒ Remunerar o símio
  (Pagar o mico)

- ☒ Inflar o volume da bolsa escrotal
  (Encher o saco)

- ☒ Impulsionar a extremidade do membro inferior contra a região glútea de alguém
  (Dar um pé na bunda)

- ☒ Derrubar, com a extremidade do membro inferior, o suporte que sustenta uma das unidades de acampamento
  (Chutar o pau da barraca)

- ☒ Deglutir o batráquio
  (Engolir sapo)

- ☒ Colocar o prolongamento caudal em meio aos membros inferiores
  (Meter o rabo entre as pernas)

- ☒ Derrubar com intenções mortais
  (Cair matando)

- ☒ Aplicar a contravenção do Dr. João, deficiente físico de um dos membros superiores
  (Dar uma de João sem braço)

- ☒ Sequer considerar a possibilidade de a fêmea bovina expirar fortes contrações laringo-bucais
  (Nem que a vaca tussa)

- ☒ Sequer considerar a utilização de um longo pedaço de madeira
  (Nem a pau)

- ☒ Sequer considerar a utilização de instrumentos metálicos derivados do ferro
  (Nem ferrando)

- ☒ Derramar água pelo chão através do tombamento violento e premeditado de seu recipiente
  (Chutar o balde)

- ☒ Retirar o filhote de equino da perturbação pluviométrica
  (Tirar o cavalinho da chuva)

consultoria

O presidente de uma consultoria, adepto de primeira hora da doutrina neoliberal, ganhou um convite para assistir a um concerto da "Sinfonia Inacabada", de Franz Schubert.
Como estava impossibilitado de comparecer, deu o convite para seu gerente de organização, sistemas e métodos.
No dia seguinte, o presidente perguntou ao seu gerente se tinha gostado do concerto.
Ao invés de comentários, ele recebeu o seguinte relatório:
Circular Interna nº 13/06
De: Gerência de Organização, Sistemas e Métodos
Para: Diretoria – Ref: Sinfonia Inacabada

1. Por um considerável período de tempo, os tocadores de oboé ficaram sem fazer nada. Eles poderiam praticamente ser eliminados e o seu trabalho redistribuído aos outros membros da orquestra, evitando assim picos de ociosidade.
2. Todos os doze violinos da primeira seção tocavam notas idênticas. Parece ser uma duplicidade desnecessária, e o contingente nessa seção deveria ser drasticamente cortado. Se um alto volume de som for requerido, isso pode ser obtido através do uso de um amplificador.
3. Muito esforço foi envolvido em tocar semitons. Isso parece ser um preciosismo desnecessário e seria recomendável que as notas fossem executadas no tons mais próximos. Se isso fosse feito, poder-se-ia utilizar estagiários em vez de profissionais.
4. Não há utilidade prática em repetir com os metais a mesmas passagens já tocadas pelas cordas. Se toda esta redundância fosse eliminada, o concerto poderia ser reduzido de duas horas para apenas vinte minutos.

5. A Sinfonia tem dois movimentos. Se Schubert não conseguiu atingir seu objetivo musical no final do primeiro movimento, ele deveria ter parado por aí. O segundo movimento torna-se desnecessário e pode muito bem ser eliminado.

Enfim, sumarizando as observações anteriores, podemos concluir que se Schubert tivesse dado um pouco de atenção a esses pontos, talvez tivesse tido tempo de acabar sua sinfonia.

Casal entra atropelando na emergência.
A mocinha explica:
– Ah! Doutor... Estávamos no campo, fazendo amor, e de repente uma abelha picou o bigulim do meu namorado! Faz alguma coisa porque tá doendo muito, tadinho!
O médico mais que depressa:
– Leva o rapaz para a sala número 10!!!
E diz para ela:
– Não se preocupe. Seu namorado vai ficar bom!
E a moça diz:
– Obrigada, doutor!!! Só tem uma coisinha...
– E o que é?
– Tira a dor, mas deixa o inchaço, hein?!

Um homem colocava flores no túmulo de sua mãe.
Ali perto um outro homem chorava, desesperado, gritando:
– Por quê? Por que você morreu?!!! Por quê?
E chorava copiosamente.
O primeiro homem, tocado pela cena, se aproximou e perguntou:
– Desculpe, eu não quero interferir... Mas quem faleceu? Sua mãe.: ou filho?
E o homem, sem parar de chorar respondeu:
– Não! É o primeiro marido de minha mulher...

Um dia a mãe do Saci pediu para ele ir à padaria comprar pão. Antes de o Saci sair de casa, a mãe, que estava com pressa, disse:
– Filho, vá num pé e volte no outro!
Só que aí o Saci nunca mais voltou.

Jesus estava passeando num vilarejo próximo de Nazaré, quando percebe uma multidão apedrejando uma mulher adúltera.

Ele se aproxima da multidão e, protegendo a mulher, diz:

– Quem nunca pecou, que atire a primeira pedra!

Passam-se alguns segundos de silêncio.

De repente, uma pedra vem certeira na cabeça de Jesus.

Ele olha em volta e diz:

– Pô! Você não vale, mamãe!!!

Um pato entra num bar e pede uma cerveja.

O barman, maravilhado, fala:

– Mas você é um pato!

– Sim!

– E você fala! Eu nunca tinha visto um animal falante!

– Certo... Agora que já viu, pega a cerveja.

O barman pôs a cerveja no balcão e continuou a conversa:

– Mas o que você faz por aqui?

Responde o pato:

– Ah! Eu sou economista na empresa aqui ao lado.

E o barman, entusiasmado, diz:

– Olhe, eu tenho um amigo que é dono de um circo. Tenho certeza que ele vai contratá-lo de imediato!

– Dono de um circo? Aquilo com uma cobertura de lona, com um pau no meio?

– Certo! Isto mesmo!

E o pato, intrigado, pergunta:

– Mas por que um circo iria precisar de um economista?

Um cara ia dirigindo pela estrada quando viu uma viatura policial atrás, mandando parar.

Ele estacionou no acostamento, o guarda veio e disse:

– Amigo, sua mulher caiu do carro há dois quilômetros!

– Oh! Graças a Deus! Eu pensei que estava ficando surdo...

Uma família estava jantando em um restaurante bem caro, e sobrou muita comida. O pai, com pena de desperdiçar tudo aquilo, mas com vergonha de pedir ao garçom para embrulhar, pagou a conta e disse:

– Por favor, embrulhe a comida que restou. Vamos levar para o cachorro.

Ouvindo isso, as crianças gritaram:

– Oba! Papai vai comprar um cachorro!

Mariazinha, a irmã mais velha do Joãozinho, estava tendo a sua primeira menstruação.

Apavorada, sem saber a razão de todo aquele sangue, corre pelos corredores à procura do irmão.

– Joãozinho, Joãozinho, socorro, me ajuda!

– Calma, calma, maninha, o que foi?

– Olha só! Estou sangrando! O que será isso, Joãozinho?

Joãozinho pensou um pouco, levantou o vestido da irmã, abaixou a calcinha e analisou todas as possibilidades.

Finalmente concluiu:

– Olha... Eu não entendo muito bem disso, mas acho que arrancaram o seu saco.

O homem vai ao médico porque um de seus testículos estava com uma cor azulada. O médico examina o local várias vezes e logo lhe dá o diagnóstico:

– Olhe, tenho que cortar urgentemente o testículo, pois ele está com um princípio de gangrena. Se eu não fizer nada, você pode até morrer!!!!

No mesmo dia o homem é operado.

Depois de uns quinze dias, o sujeito volta ao médico:

– Doutor, doutor!! Esta manhã notei que o outro testículo também está azulado.

Preocupado, o médico começa a examinar o paciente e faz o mesmo diagnóstico.

Duas semanas depois, à beira de um ataque de nervos, volta o paciente:

– Doutor, doutor! Veja isto, agora é o meu pênis que está azulado. Não me diga, terei que cortá-lo também!!

O doutor faz uma curta revisão, confirma o triste diagnóstico e submete o coitado a uma complicada cirurgia, na qual lhe amputa o pênis e em seu lugar coloca uma " mangueirinha plástica transparente".

Três semanas depois o homem regressa, abre a porta do consultório e grita:

– Doutor, o que está acontecendo? O senhor sabe o que está azul agora? A mangueirinha de plástico! Será que tenho um grave problema sanguíneo?

O médico, após tentar acalmá-lo, faz um exame completo e aprofundado.

Horas depois, com o resultado dos testes na mão e uma cara de alívio, anuncia:

– Fique tranquilo, meu amigo, pois trago boas notícias. Você terá vida muito longa! Desta vez fiz exames minuciosos e não tenho mais dúvidas: O SEU JEANS DESBOTA!

T odo dia aquele distinto cavalheiro entrava no bar com seu cachorrinho.

Sentavam-se a uma mesa e o garçom, já habituado com a dupla, servia um uísque para cada um – o do cachorrinho num pires. Eles bebiam, pagavam e saíam dignamente.

Certa noite, porém, o cachorrinho apareceu sem o dono.

Subiu numa cadeira e ficou esperando, com as patinhas sobre a mesa.

O garçom, sem hesitar, levou-lhe o pires com uísque.

"Hoje, o dono deve ter se atrasado", pensou.

O cachorrinho bebeu, balançou a cauda num educado cumprimento e foi embora.

Na noite seguinte, reapareceu no bar, dessa vez em companhia do dono, que, delicadamente, agradeceu a gentileza do garçom.

– Muito obrigado por ter servido ao meu cachorrinho. Nós dois ficaríamos muito contentes se você aceitasse este pequeno presente.

E entregou uma caixa ao garçom, explicando:

– É uma lagosta. E está viva.

– Oh, muito obrigado! – Disse o garçom. – Vou guardá-la para o jantar.

– Ela já jantou. Mas ficará muito feliz se você levá-la ao cinema.

O velhinho está no hospital, uma prisão de ventre intratável, uma dor na barriga insuportável.

Para piorar as coisas, o tratamento é todo à base de supositórios de todos os tipos e tamanhos, vários por dia.

Certa noite, durante uma tempestade, acabou a luz e a enfermeira, com uma vela na mão, vai visitar o doente.

O paciente entra em pânico:

– Pelo amor de Deus! Acesa eu não vou aguentar!

Uma senhora, experimentando um vestido de noite, pergunta à vendedora:

– Não acha que o decote está muito grande?

A vendedora, olhando com atenção, pergunta:

– A senhora tem pelos no peito?

– Não! Por quê?

– Então o decote está realmente muito comprido...

O mineiro ia se casar, e a família da noiva insistiu que passassem a primeira noite na casa dos pais da noiva.

O mineiro concordou, mas o problema é que ele era virgem, e morria de medo de falhar ou não saber direito como funcionar na primeira noite.

Resolveu esconder uma garrafa de pinga embaixo da cama, no quarto em que iam ficar, para criar coragem na hora do vamo ver, e não falhar.

Terminada a festa de casamento, os dois foram para o quarto.

Mal entraram no quarto, os pais da noiva foram para o quarto ao lado, para ouvir os acontecimentos, pois na casa não tinha forro, e tudo que se passava num quarto era ouvido no outro.

Assim que a noiva foi ao banheiro se arrumar, o mineirinho enfiou a mão embaixo da cama e pegou a garrafa de pinga.

Quando foi tomar um gole, percebeu que a garrafa estava vazia, e gritou!

– Eta!!! Já mexeram aqui!

No que o pai da noiva gritou do outro quarto:

– Mexeram não, meu filho! É que as muié da nossa família são larga memo!

A filha não aparecia em casa havia mais de cinco anos, e quando volta seu pai mete a maior bronca:

– Onde você andou durante esse tempo todo, desgraçada?! Porque não escreveu nem sequer uma notinha dizendo como estava? Não sabe como a sua mãe tem sofrido por sua causa!

A garota, chorando:

– Snif, snif... Virei prostituta... Buaaaaaaa!!!

– O quê?!? Fora daqui, sem vergonha, pecadora!!!

– Tá bom, papai. Como o senhor quiser... Eu só voltei aqui para dar este casaco de pele e as escrituras da minha mansão para a mamãe; uma caderneta de poupança no valor de 5 milhões para o meu irmãozinho e, para ti, paizinho, este Rolex, o BMW que esta lá na porta e um título vitalício do Jockey Club...

– Filhinha, você disse que tinha virado o quê mesmo?

– Prostituta. Snif, snif!!!

– Ahhh, bom! Que susto você me deu! Eu tinha entendido protestante!!!

E stavam no meio do deserto o francês, o inglês e o brasileiro.

Havia um tempão que nenhum deles via mulher!

Estavam numa pior...

Até que um dia, eles encontraram um camelo e logo pensaram:

O francês – Humm... Se este camelo fosse a Brigitte Bardot!

O inglês – Humm... Se este camelo fosse a Kim Bassinger!

O brasileiro – Hummmm... Se este camelo fosse um pouquinho mais baixo!

N a sala de aula:
— Ricardinho, a frase: "Há uma mulher olhando pela janela" é singular ou plural?
— Singular.
— Muito bem. Agora você, Joãozinho: "Há várias mulheres olhando pela janela", o que é?
— Zona.

O português foi assistir a um show de boleros com um amigo. Como as músicas que estavam tocando eram recentes, o pessoal começou a pedir em voz alta os clássicos do gênero:
— "Traiçoeira"!
— "Perfídia"!
— "Ingrata"!
O portuga, que não estava entendendo nada de nada, ajudou nos pedidos:
— Filha da Puta!!! Vaca!!! Piranha!!!

A mulher do pescador sempre vinha pescar.
Toda vez que ela pescava, apanhava muito peixe.
Os outros pescadores ficavam admirados. Um dia foram perguntar o segredo a ela:
— Ah, todo o dia antes de vir eu arrio as calças do meu marido. Se o pau estiver apontando pra direita, eu venho pescar na margem direita; se estiver apontando pra esquerda, eu venho pescar na margem esquerda.
— E se estiver apontando pra cima?
— Aí eu não venho pescar.

Aquele gaúcho, rapagão, finalmente resolveu se casar.
Na noite de núpcias, a noiva, uma morena lindíssima, estava impaciente pelo grande momento.

Deitou na cama, abraçou, beijou, fez de tudo e o gaúcho nem aí. Ela continuou insistindo e nada.

Até que a paciência foi embora e ela explodiu:

– O que está acontecendo com você? Vou sair e arrumar um homem de verdade!

– Oba! Traz dois, traz dois!

Naquele bar do português, entra um grupo de estrangeiros.
Um deles diz:

– Allui naba riqum chali Coca-Cola.

Pergunta o português:

– Querem uma latinha bem gelada de quê?

Garoto chega em casa depois da aula e diz:
– Mãe, um garoto me chamou de bichinha lá na escola.

– E o que você fez?

– Ah, dei uma bolsada nele!

Em um sítio, havia um homem que adorava comer mulheres no meio do mato.

Um dia sua mulher o pega em flagrante sem calças.

E já vai logo perguntando:

– O que você está fazendo sem calças no meio do mato???

O cara logo responde:

– É que eu estou com vontade de cagar...

– Ah é? E o que faz essa mulher aí?

– Puxa!!! Se você não fala, eu cago em cima dela!!!

E lá estava o gauchão fechando o bar naquela noite, quando entra um tremendo crioulo com máscara, arma na mão, e já vai gritando:

– Vamos! Abra o caixa! Passa toda a grana!!!
– Calma, tchê!
– Vamos logo! Toda a grana!
– Toma... Está tudo aqui. Cuidado! Eu tenho família...
– Aqui tem pouco... Quero mais dinheiro!
– Mas é tudo que eu tenho!
– Ah é? Então você vai fazer uma chupetinha em mim agora!
– Eu faço qualquer coisa! Mas não atire!

E com o revólver apontado na cabeça, o gauchão começou a fazer o trabalho. E fez tão bem que, uma hora, o criolão deixou escapar a arma e ela caiu no chão.

Mais que depressa o gaúcho pega o revólver devolve para o criolão e diz:

– Cuidado, tchê! Pode entrar algum conhecido e o que é que ele vai pensar?

pseudocultura

- Chupar o pau da barraca.
- Assustar um cheque.
- Estou lendo um livro de Milk Shakespeare, Julieu e Romiseta.
- Depressão genital.
- Abrir a janela para farejar o ambiente.
- Há malas que vêm para o bem.
- Quem com ferro fere, tanto bate até que fura.
- Matar dois coelhos com uma caixa d'água só.
- Eu sou bem-adestrada.
- O bipop vai subir que é uma loucura!
- Cada peça que a vida nos martela...
- Vou tomar uma atitude gástrica.
- Odeio filme suspensório.
- Quem conta fere, com conta será ferido.
- É nos melhores fracassos que se encontram os melhores perfumes.
- Não seja Hipócrates.
- O pior cego é aquele que não quer andar.
- Mortal, posto que é chama, que seja infinito enquanto duro.
- Como diria Vinicius de Moraes: liberdade para as roletas!
- Eu vou ser como a Marta Rocha, a espiã nua que incendiou Paris.
- Não sou mais conjugada, agora posso falar tudo que me der no tijolo.
- Como diria Adolf Hitler: A taça do mundo é nossa!
- Como dizia Castro Alves: Quem semeia vento colhe sangue, suor e cerveja.
- Vamos transformar a cozinha em território neutro, tipo uma faixa de gazes.
- Vamos nos aspirar em Madre Tereza de Corumbá.

- E eu tive que deixar minhas impressões digitais na delegacia. Quando precisar, vou ter que ir lá buscar!
- Inclua-me fora dessa.
- Depois da tempestade, vêm as vacas loucas.
- Você acredita em vida após a vida?
- Mãe, a senhora me pegou de chupetão!

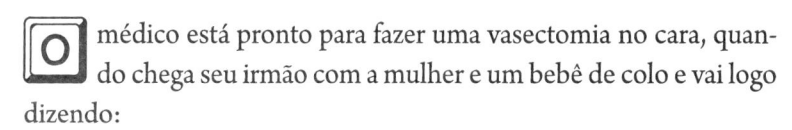

O médico está pronto para fazer uma vasectomia no cara, quando chega seu irmão com a mulher e um bebê de colo e vai logo dizendo:
– Pare com isto! – Diz ele. Você não pode fazer essa operação!
– E por que não?
– Você sabe que se fizer essa operação, nunca mais vai poder ter filhos, não sabe?
– Claro que sei!
– E você não vai querer ter um filho um dia? – E apontando para o bebê, insiste:
– Olhe que lindo! Pense bem.
– Não, já me decidi...
– Puxa vida! Você não vai me dar nem o gosto de ter um sobrinho?
– Você quer um sobrinho?
– Quero!
– Quer mesmo?
– Sim... Quero!
– Então, parabéns... Sua mulher está com ele no colo!

Diz Manoel para um amigo:
– Parabéns! Ouvi dizer que vais a casar!
– Verdade, pois.
– Então, vai-se casar por amor ou por interesse?
– Oh pá! Deve ser por amor, pois eu não tenho interesse nenhum na gaja!

Dois portugueses encontram-se na França.
Diz um deles:
- Então, Manuel, como é que vais?
- Eu não me chamo Manuel e nunca te vi na minha vida.
- Não é possível! Então, não estivemos juntos em Lisboa?
- Eu nunca estive em Lisboa.
- Espera, eu também nunca estive em Lisboa...
- Acho que foram outros dois.

Um português foi a um concurso na TV e o apresentador perguntou-lhe:
- Tenho certeza que você sabe esta! Como se chamam os habitantes do Rio de Janeiro?
Após alguns minutos de reflexão, o português responde:
- De todos, todos eu não sei...

Um português vai ao médico e este lhe receita uns supositórios. Algum tempo depois se encontram e o médico pergunta:
- Então, como está?
- Oh pá, doutor, é muito difícil engolir aquelas coisas!
- Mas você toma-os pela boca?
- Ué! Queria que os metesse no cu?

Depois de examinar atentamente o paciente, o doutor conclui:
- Temo que o senhor está com mal de Lafaiete!
- Caramba! E isso é grave, doutor?
- Ainda não sabemos, seu Lafaiete!

O garotão levava aquela gostosona para um passeio em seu belo carro conversível.

Quando estavam num lugar afastado, ela disse:

– Você não vai querer aplicar o velho golpe de "ficar sem gasolina", aqui no meio do mato, vai?

Ele responde, rindo:

– De jeito nenhum! Eu vou aplicar o golpe do "Aqui depois".

– Aqui depois? Nunca ouvi falar...

– Simples... Se você não está aqui para aquilo que eu estou, então você vai ficar "aqui depois" que eu me for...

E aquele outro portuga, com ar intelectual, esnoba pra um amigo:

– Nos tempos atuais, pôr filhos no mundo é não ter coração... Eu passei toda a minha vida sem conceber filhos!

– E como fez? Preservativos?

– Não. Desde que tomei esta decisão de não ter filhos, parei de trepar com a minha mulher. Passei a comer a minha cunhada! Desde então, só tive sobrinhos!

H á dois mil anos, naquele estábulo, Maria segurava o bebê no colo e chorava...

José, então, pergunta:

– Por que choras, Maria?

– Ah! José... Eu queria tanto uma menina!

As trigêmeas iam se casar juntas, na mesma igreja, na mesma hora. Passado o casamento, foram todas com os maridos e o pai passar a lua de mel numa fazenda.

Quando chegou a noite, o pai passou na porta do quarto de cada uma. Colocou o ouvido no quarto da primeira e a ouviu cantando.

Depois, foi ao quarto da segunda e a ouviu rezando.

Chegou ao quarto da terceira e não ouviu nada.

— Mas que esquisito, o que será que houve?

No café da manhã, o pai perguntou às filhas:

— Filha, passei no seu quarto ontem e ouvi você cantando.

— É que o senhor ensinou que quando estamos felizes devemos cantar.

— Filha, cheguei no seu quarto e você estava rezando.

— É que o senhor ensinou a gente a rezar quando sente muita dor.

— E você, filha, estava calada ontem à noite. Por quê? Algum problema?

— É que o senhor ensinou a nunca falar de boca cheia!

bom, mau e pior

Bom: Teu amigo de convida para uma noitada.
Mau: Vocês ficam bêbados e chamam umas mulheres de programa.
Pior: Sua mãe estava entre elas.

Bom: Você e sua esposa concordam em não ter mais filhos.
Mau: As pílulas estão desaparecidas.
Pior: Sua filha foi quem as tirou.

Bom: Sua esposa está grávida.
Mau: São quadrigêmeos.
Pior: Você fez vasectomia ano passado e não contou pra ela.

Bom: Seu filho fica estudando um tempão no quarto.
Mau: Você acha vários filmes pornô escondidos lá.
Pior: Você e sua mulher aparecem em quase todos.

Bom: Seu marido entende de moda.
Mau: Ele se veste como mulher.
Pior: Ele é mais bonito que você.

Bom: Seu filho finalmente está amadurecendo.
Mau: Ele está envolvido com a mulher do vizinho.
Pior: Você também.

Bom: Você ensina à sua filha sobre sexo na natureza.
Mau: Ela te interrompe com frequência.
Pior: Para te corrigir.

Bom: Sua mulher não está falando com você.
Mau: Ela quer um divórcio.
Pior: Ela é advogada.

Bom: Seu filho chegou em casa antes da meia-noite.
Mau: Estava bêbado que nem um gambá.
Pior: Chegou no carro da polícia vestido de mulher.

Bom: Sua filha arranjou o primeiro emprego.
Mau: De massagista naquela casa de sacanagem.
Pior: Seus amigos todos são clientes dela.

Bom: Sua mulher ficou surpreendida de te ver.
Mau: Você ficou mais surpreendido ainda.
Pior: Vocês se encontraram num motel.

Bom: Seu filho está namorando alguém.
Mau: Trata-se de outro homem.
Terrível: É o seu patrão.

entendendo a classificação dos filmes

LIVRE: Quando ninguém come a mocinha

13 ANOS: Quando o herói come a mocinha

18 ANOS: Quando o vilão come a mocinha

21 ANOS: Quando todo mundo come todo mundo. Inclusive a mocinha.

Jacó e Davi resolvem fazer uma expedição no Canadá para caçar urso polar.

Infelizmente, o jipe deles cai numa ribanceira, e eles ficam sem meios de pedir ajuda.

Logo chega a neve, e os dois caçadores constroem um iglu para evitar o congelamento.

Enquanto isso, a equipe de socorro começa as buscas.

Só depois de duas semanas é que eles encontram o iglu. Batem na porta.

– Hei, abram a porta. É a Cruz Vermelha!

E do interior do iglu os dois judeus respondem com voz fraca:

– Nós já contribuímos este mês!

Uma moça muito bonita e sensual estava fazendo um strip-tease numa casa noturna.

A plateia começou a aplaudir quando ela tirou a blusa mostrando os lindos seios.

Depois tirou a saia e a plateia voltou a aplaudir.

Depois virou de costas e começou a tirar a calcinha e rebolar.

Ninguém aplaudiu.

Meio sem graça, ela correu para os camarins e lá dentro se queixou ao diretor do espetáculo:

– Não consigo entender o que aconteceu. Quando eu mostrei a coisa mais linda que eu tenho, ninguém se manifestou, ninguém bateu palmas. Por quê???

E o diretor responde:

– Como é que você queria que eles batessem palmas com uma mão só, minha filha???

O bêbado estava no bar, enchendo o saco de todo mundo.
Uma hora ele se vira para um cara e diz:
– Sua mãe é uma gostosa!
Silêncio geral.
O pessoal ficou esperando a reação, mas nada.
O cara continua quieto no seu canto.
O bêbado insiste:
– Tua mãe faz amor como ninguém!!!
O pessoal ficou esperando por uma reação violenta.
Mas o cara continuava calado.
E o chato do bêbado não desistia:
– Esta noite eu vou pegar a sua mãe e vou acabar com ela!
O cara, então, se levanta, vai até o cara e diz:
– Pô!!! Você está bêbado! Vai pra casa, papai!

A jovem chega na casa da sua mãe em prantos.
A mãe procura saber o que aconteceu.
– O que foi, minha filha?
– Mãe, que decepção! O Beto me bateu!
– Teu marido? Mas eu pensei que ele estivesse viajando esta semana.
– Pois é, mãe, eu também pensei.

Um gaúcho está em um ônibus lotado e um homem se posiciona bem atrás dele.
O gaúcho reclama logo:
– Bah, tchê!!! O que é que tu tá fazendo aí atrás?
O homem responde logo:
– Nada não, senhor!!! Nada!!!
E o gaúcho:
– Então dá o lugar pra outro, tchê!!!

Aquela festa de casamento acabou numa puta briga! Foram todos parar na delegacia.

E, o bate-boca continuava, quando o delegado gritou:

– Silêncio! Quero saber como começou esta briga.

Todo mundo começou a falar e o delegado mais uma vez:

– Quietos!!! Um de cada vez.

E virando-se para um cara que estava todo rasgado, disse:

– Você aí, diga como tudo começou.

– Bem, senhor delegado. Eu sou o padrinho da noiva. Na hora de dançar eu a tirei e dançamos um pouco...

– Só isto?

– Só! Eu fiquei ali dançando, sem problema!

– E daí?

– Bem, senhor delegado. De repente o noivo se levantou, foi até o salão e deu um puta pontapé na parte íntima da própria noiva!

Diz o delegado

– Nossa!!! Deve ter sido dolorido.

– Dolorido?? O senhor não sabe... quebrou três dedos da minha mão!

Um sujeito entra num bar abraçado com dois mulherões.

– Me vê duas cocas.

– Família? – Pergunta o balconista.

– Não. São putas mesmo, mas estão morrendo de sede.

Um dia um homem bate na porta do vizinho.

Quem atende é uma mulher.

Ele pergunta:

– Você sabe fazer sexo?

A mulher fica louca da vida e bate a porta na cara dele.

No dia seguinte lá estava o cara outra vez batendo na porta.

– Você sabe fazer sexo?

Desta vez a mulher grita:

– Seu grosso! Idiota! Saia daqui!!!

E bate a porta com força.

No terceiro dia lá estava ele de novo.

A mulher perdeu a esportiva e contou para o marido o que estava acontecendo. O marido combinou, então, de esperar o atrevido voltar, escondido atrás da porta, para lhe quebrar a cara.

No dia seguinte, lá estava o cara batendo.

A mulher abriu a porta e o cara:

– Você sabe fazer sexo?

Ela respondeu no ato:

– Sim!! Por quê?

– Então faça sexo com o seu marido e peça para ele parar de dar em cima da minha mulher.

Dois leões fugiram do zoo.

Um deles voltou, após 2 meses, e encontrou o amigo lá. Perguntou, então, o que tinha acontecido.

– Ah, meu amigo, eu não dei sorte. Fugimos e logo no dia seguinte eu comi uma pessoa. A polícia me pegou e me trouxe de volta. Agora você é que se deu bem: dois meses fora. Como é que você conseguiu?

– Eu me escondi numa repartição pública. Fiquei quietinho no banheiro. Volta e meia eu comia um funcionário, e tudo bem. Até que ontem, dei o maior azar. Fui comer o homem do cafezinho. Logo me descobriram e me trouxeram de volta.

U ma pesquisadora do IBGE bate à porta de um sitiozinho perdido no interior.
- Essa terra dá mandioca?
- Não, senhora – responde o capiau.
- Dá batata?
- Também não, senhora!
- E feijão?
- Nunca deu!
- Arroz?
- De jeito nenhum!
- Milho?
- Nem brincando!
- Quer dizer que por aqui não adianta plantar nada?
- Ah! Se plantar é diferente...

U m gaúcho está em frente ao espelho da sala e sua mulher sentada, vendo televisão.

Ele, olhando para o espelho, fala sobre si mesmo:
- Mas que galo, tchê!

Dá uma viradinha, fica de perfil e, continuando a olhar o espelho, fala novamente:
- Nossa! Mas que belo galo, tchê!

Agora ele vira de costas e, olhando para o espelho, fala:
- Mas bah, tchê. Sou um tremendo galo!!!

A mulher, já de saco cheio, pois estava prestando atenção no filme da televisão, grita enfurecida com ele:
- Porra!!! Dá pra tirar este espanador do cu e continuar limpando o móvel?

A mulher pergunta ao médico:
– Doutor, é possível ficar grávida somente tendo relações anais?
– Claro, minha senhora... Como pensa que os advogados nascem?

Um marido e sua mulher reparam que o pinto do seu filho é muito pequeno.
Levam o rapaz ao médico para um exame.
Depois da consulta, o médico recomenda:
– Todo dia de manhã dê bastante torradas ao garoto.
No dia seguinte, a mulher levanta de manhã e faz um monte de torradas.
Quando o rapaz vai tomar o café, a mãe avisa:
– Tira só duas fatias. O resto é para o seu pai...

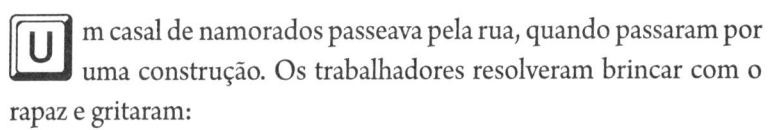

Um casal de namorados passeava pela rua, quando passaram por uma construção. Os trabalhadores resolveram brincar com o rapaz e gritaram:
– Oh rapaz... Não fica passeando para lá e para cá, não... Leve a menina para um cantinho escuro e dá-lhe uma boa trepada!
O rapaz, muito envergonhado, segue o seu caminho com a namorada e eles passam por um parque onde estão vários aposentados sentados. E os velhinhos também não deixam para lá:
– Oh garoto... Tens uma bela namorada... Que está fazendo aqui? Leva ela prum motel!!!
O rapaz, cada vez mais envergonhado, decidiu levar a namorada para casa e se despede:
– Até amanhã, amor!!!
A namorada responde-lhe:
– Até amanhã, surdo de merda!!!

Descanse em Paz

epitáfios

Alcoólatra:
— Enfim, sóbrio.

Alcoólico anônimo:
— Já que era pra acabar assim, preferia cirrose.

Alérgico:
— Por favor, nada de flores.

Alpinista:
— Pra cima todo santo ajuda.

Arqueólogo:
— Enfim, fóssil.

Artista gráfico:
— Descanse em paz. (OBS: Times New Roman, Corpo 48, Negrito Itálico.)

Assistente social:
— Alguém aí, me ajude!

Contador:
— Fali.

Curto e grosso:
— Fodeu.

Delegado:
— Tá olhando o quê? Circulando, circulando!

Depressivo:
— Tô na fossa.

Desenhista:
— Não deixei nenhum traço.

Ecologista:
— Extinto!

Editor:
— Aguarde a segunda edição.

Encanador:
— Entrei pelo cano.

Espírita:
— Volto já.

Fanho:
— Anqui janz.

Funcionário público:
— É no túmulo ao lado.

Garanhão:
— Rígido, como sempre.

Gay:
— Virei purpurina.

Herói:
— Corri para o lado errado.

Hipocondríaco:
— Eu não falei que estava doente?

Humorista:
— Isto não tem a menor graça

Insone:
– Consegui!!!

Internauta:
– Morri@céu.org <mailto:Morri@céu.org>

Jóquei:
– Cruzei o disco final.

Camicaze:
– Caí matando.

Matemático:
– Do pi ao pó.

Minimalista:
– Fim.

Músico:
– Aqui jazz.

Megalomaníaco:
– Deus estava precisando de uma força.

Micreiro:
– Por favor, me dê um restart.

Otimista:
– Pelo menos não pago mais imposto de renda.

Pessimista:
– Aposto que está fazendo o maior frio no inferno.

Punk:
– Enfim, podre.

Sanitarista:
– Sujou.

Viciado:
– Enfim, pó.

Virgem:
– Agora só a terra vai comer!

Um mecânico está desmontando o cabeçote de uma moto quando vê na oficina um cirurgião cardiologista muito conhecido. Ele está olhando o mecânico trabalhar.

O mecânico para e pergunta:

– Hei, doutor, posso lhe fazer uma pergunta?

O cirurgião, um tanto surpreso, concorda e vai até a moto na qual o mecânico está trabalhando.

O mecânico se levanta e começa:

– Doutor, olhe este motor. Eu abro seu coração, tiro válvulas, conserto-as, ponho-as de volta e fecho novamente, e, quando eu terminei, ele volta a trabalhar como se fosse novo. Como é então que eu ganho tão pouco e o senhor tanto, quando nosso trabalho é praticamente o mesmo?

O cirurgião dá um sorriso, se inclina e fala baixinho ao mecânico:

– Tente fazer isso com o motor funcionando!

O sujeito entra no médico, mal podendo andar:

– Doutor, faz três semanas que não consigo cagar...

O médico olha para a barriga dele, já inchada, e fala:

– Parece grave mesmo. Essa é a primeira vez?

– Não – respondeu ele. Tenho esse problema desde menino...

O médico pensa um pouco e manda ele abaixar as calças.

Aí o médico vê o tamanho do pau do cara... Enorme! Pelo menos 40 cm, relaxado... E o médico pergunta:

– Quando você vai cagar, você coloca o pau dentro ou fora do vaso?

– Coloco ele dentro! Por quê?

– Pois é, aí está o problema: seu cu se contrai de medo.

U m senhor idoso entra no confessionário, cumprimenta o padre e conta a seguinte história:
— Eu tenho 82 anos, sou casado com uma mulher maravilhosa de 75 anos e tenho muitos filhos, netos e bisnetos. Ontem, eu dei carona para duas jovens colegiais. Bonitas, simpáticas, moderninhas, sabe como é? Conversa vai, conversa vem, acabamos indo para um motel. E eu fiz sexo com cada uma delas três vezes!
O padre aguarda alguns instantes, mas como o velho não diz mais nada, ele pergunta:
— O senhor está arrependido do seu pecado?
— Que pecado?
Um tanto perplexo, o padre o repreende:
— Que espécie de católico é o senhor?
— Católico? Eu? Eu sou ateu.
— E por que veio aqui me contar essa história?
— Estou contando pra todo mundo!!!

D ois canibais tomando sol na praia:
— Tá vendo aquela que vai ali, sem um braço?
— Estou...
— Ando comendo!!

U m sujeito, ao ver um amigo "faturando" uma anãzinha por trás do muro de um terreno baldio, diz:
— Aí cara, comendo, hein?
O amigo responde:
— Que nada, é só um lanchezinho...

Tinha uma garota maravilhosa num bar, o cara chega e diz para ela:

– Você quer trepar comigo?

A menina se vira, dá uma bofetada no malandro, pega uma garrafa, quebra na cabeça dele, o sangue começa a jorrar e ele cai no chão. Ela começa a dar chutes nas costas dele, cospe na cara dele e por fim quebra um banco no peito dele. Depois disso tudo ela vai se sentar em outro lugar, calmamente. O cara se levanta, com muito esforço, respira fundo, fica quinze minutos se recuperando e vai falar com a garota, outra vez:

– Uma chupadinha, nem pensar?

resoluções de ano novo

2008 – Eu vou tentar ser um marido melhor para Teresa.
2009 – Eu não vou abandonar Teresa.
2010 – Eu vou tentar me reconciliar com Teresa.
2011 – Eu vou tentar ser um marido melhor para Márcia.

2008 – Eu vou parar de olhar para outras mulheres.
2009 – Eu não vou me envolver com a Márcia.
2010 – Eu não vou aceitar as pressões da Márcia.
2011 – Eu vou parar de olhar para outras mulheres.

2008 – Eu vou ler no mínimo 20 livros por ano.
2009 – Eu vou ler no mínimo 10 livros por ano.
2010 – Eu vou ler no mínimo 7 livros por ano.
2011 – Eu vou terminar *O Pequeno Príncipe*.

2008 – Esse ano, eu não vou passar de 97 Kg.
2009 – Esse ano, eu não vou passar de 107 Kg.
2010 – Esse ano, eu não vou passar de 120 Kg.
2011 – Eu vou tomar uma atitude séria sobre o meu peso.

2008 – Nunca mais vou pôr um cigarro na boca.
2009 – Vou fumar somente nos finais de semana.
2010 – Vou fumar no máximo 1 maço por dia.
2011 – Vou me consultar com um pneumologista.

2008 – Eu visitarei o meu dentista esse ano.
2009 – Eu tratarei de todas as minhas cáries esse ano.
2010 – Eu tratarei todos os canais esse ano.
2011 – Eu vou comprar uma dentadura bem bonita.

2008 – Eu dedicarei mais tempo ao meu filho esse ano.
2009 – Eu nunca mais esquecerei o nome do meu filho.

2010 – Eu vou visitar meu filho na Febem.
2011 – Eu vou tentar encontrar meu filho.

2008 – Eu irei à missa todos os domingos.
2009 – Eu irei à missa todos os dias santos.
2010 – Eu rezarei todas as noites.
2011 – Eu vou voltar a acreditar em Deus.

2008 – Eu vou tentar conseguir uma promoção.
2009 – Eu vou arranjar um emprego melhor.
2010 – Eu vou tentar me manter no emprego.
2011 – Eu vou começar a procurar um emprego.

2008 – Vou poupar 10% do meu salário todos os meses.
2009 – Vou pagar todas as minhas dívidas em dia.
2010 – Vou pagar todas as minhas dívidas.
2011 – Vou fazer um plano para quitar todas as minhas dívidas nos próximos sete anos.

2008 – Vou cumprir rigorosamente minhas resoluções de Ano Novo.
2009 – Vou cumprir pelo menos a metade de minhas resoluções.
2010 – Vou fazer resoluções mais próximas da realidade.
2011 – Nunca mais vou fazer resoluções para o Ano Novo.

Todo homem gostaria de:

1. Ser tão bonito quanto a mãe dele acha que ele é.
2. Transar com todas as mulheres que a esposa acha que ele transa.
3. Ser tão rico quanto seu filho acha que ele é.
4. Ser tão bom de cama quanto ele acha que ele é.

coisas que você gostaria de fazer com sua vizinha

- ☒ Mandar o Tarzan pra floresta.
- ☒ Gratinar a beringela.
- ☒ Pôr o Batman na BatCaverna.
- ☒ Lubrificar a dobradiça.
- ☒ Dar charuto à mulher barbada.
- ☒ Pôr a jurupoca para piar.
- ☒ Descabelar o palhaço.
- ☒ Molhar o biscoito.
- ☒ Pôr a azeitona na empada.
- ☒ Pôr a bisnaga no forno.
- ☒ Unir o útil ao agradável.
- ☒ Sentar o ferro na boneca.
- ☒ Tirar o atraso.
- ☒ Pôr a escrita em dia.
- ☒ Levar o Júnior ao playground.
- ☒ Entrar na zona do agrião.
- ☒ Fumar no cachimbo da mulher.
- ☒ Furunfar.
- ☒ Cutucar a onça.
- ☒ Pentear a macaca.
- ☒ Dar um tapa na xereta.
- ☒ Afogar o ganso.
- ☒ Chupar o cajú.
- ☒ Fazer tcheca tcheca na mutcheca.
- ☒ Fazer o canguru perneta.
- ☒ Espalhar o patê.
- ☒ Mandar o bicho pra toca.
- ☒ Agasalhar o menino.
- ☒ Fazer nhá-nhá.

- Ripa na chulipa.
- Dançar na boquinha da garrafa.
- Meter o pé na jaca.
- Entrar por onde sai.
- Chegar às vias de fato.
- Fazer uma introdução na partitura.
- Pôr o Bráulio na Antonieta.
- Esgoelar o dito cujo.
- Entrar com o caminhão no túnel.
- Fazer barba, cabelo e bigode.
- Esquentar a marmita.
- Fazer um teste no escapamento.
- Trocar o óleo.
- Armar a barraca na gruta.
- Colocar a banana na salada de frutas.
- Por o tico-tico pra dentro da gaiola.
- Lavar a égua.
- Bater cartão com a vizinha.
- Acertar a bola na caçapa.
- Dar ré no quibe.
- Fazer bobiça.
- Dar no couro.
- Deixar os entretanto e ir pros finalmente
- Brincar de médico.
- Dar uma geral no parque de diversões.
- Um no zero, zero no um.
- Guardar o carro na garagem.
- Dar um tiro e acertar a culatra.
- Colocar a chave na fechadura.
- Mandar a mulher chupar cana.
- Fazer inspeção no túnel.
- Meter o dedo aonde foi chamado.
- Furar o bolo.

- ☒ Fazer as necessidades básicas do dia a dia.
- ☒ Dar uma bimbada na boneca.
- ☒ Rever documentos com a secretária.
- ☒ Ajudar a empregada na limpeza do quarto.
- ☒ Colocar o pen-drive no computador.

argentinos

Era uma cidadezinha pequena bem na divisa do Brasil e da Argentina. Na realidade, a avenida principal é que dividia o Brasil da Argentina.

Chegou, na manhã de sábado, o novo padre da única igreja daquela cidade.

Conheceu todo o lado brasileiro e à tarde foi visitar o lado argentino. Preparou o sermão do dia seguinte e foi dormir.

A igreja fica cheia para a missa das dez, há argentinos, brasileiros, o prefeito etc.

Começa o sermão:
– Irmãos... Estamos hoje aqui reunidos para falar dos fariseus... Aquele povo desgraçado como esses argentinos que estão aqui...

Ohhhhhhh!!!

O maior tumulto tomou conta da igreja!

Os argentinos saíram xingando o padre, houve briga na porta da igreja, o prefeito levou a mão na cabeça, indignado!

Acabada a confusão, o prefeito foi falar com o padre na sacristia:
– Padre, pega leve, os argentinos vêm para este lado, gastam nas lojas, nos restaurantes, trazem divisas para a cidade. Não faça mais isso!

Durante a semana não podia ser diferente – a conversa entre todos era a mesma: o padre e o sermão do domingo.

Aquele zum zum zum todo foi fazendo as pessoas ficarem curiosas, querendo saber mais o que tinha acontecido.

Finalmente, chega o domingo seguinte.

O prefeito vai na sacristia e comenta com o padre:
– Padre, o senhor lembra do que conversamos antes, não? Por favor, não arrume nenhuma encrenca, certo?

Começa o sermão:
– Irmãos... Estamos aqui reunidos hoje para falar de uma pessoa da Bíblia: Maria Madalena. Aquela mulher prostituta que tentou Jesus como essas argentinas que estão aqui...

Não deu outra: pancadaria na igreja, quebraram velas nos corredores, tapas, socos e algumas internações no pronto-socorro da cidade.

O prefeito novamente foi ao encontro do padre:

– Padre, o senhor não me disse que iria pegar leve? Pô, já era difícil o comércio nessa cidade, agora vai ficar pior ainda... Padre, se o senhor não amansar, vou escrever uma carta à Congregação e pedir a sua retirada imediata!

Naquela semana, o tumulto era maior ainda. As velhas beatas choravam; havia brigas por toda parte; o comércio quase não funcionava.

As conversas eram maiores ainda e todos não perderiam a missa do próximo domingo nem por decreto!

Na manhã do domingo, o prefeito entra na sacristia com a polícia, espalhada pela igreja:

– Padre, pega leve dessa vez senão te levo em cana!

A igreja estava abarrotada, saindo gente pelo ladrão. Tinha gente pendurada nos lustres, agarradas nas pilastras, segurando os vitrais. Quase não se conseguia respirar de tanta gente.

Começa o sermão:

– Irmãos.... Estamos aqui reunidos hoje para falar do momento mais importante da vida de Cristo: A Santa Ceia...

O prefeito, então, respirou aliviado

E o padre continua:

– Jesus, naquele momento, disse aos apóstolos: "Esta noite, um de vós irá me trair!" Então, Mateus pergunta:

– Mestre, sou eu?

E Jesus responde:

– Não, Mateus, não é você.

No que Pedro pergunta:

– Mestre, sou eu?

E Cristo responde:

– Não, Pedro, não é você.

Então, Judas pergunta:

– Mestre, soy yo?

Dois argentinos batem um papo.
Pergunta um deles:
– Eu saí com esta garota várias vezes. Fomos ao cinema, ao restaurante, na discoteca e outros lugares... Você acha que devo beijá-la?
– De jeito nenhum!!! Você já fez muito por ela!

Em Israel, num bar de Tel Aviv, havia três homens conversando. O primeiro disse:
– Não estou nada bem aqui. Eu sou russo, e na Rússia me chamavam de "judeu de merda". Aqui, me chamam de "russo de merda"!
Dizia o segundo:
– Para mim é pior! Vejam, eu sou da Etiópia. Lá na África me chamavam de "judeu de merda" e agora, aqui, me chamam de "preto de merda"!
O terceiro reclama:
– Você dois não sabem o pior! Eu sou uruguaio. Lá em Montevidéu também me chamavam de "judeu de merda"... Mas aqui me chamam de "argentino de merda"!

Você sabe por que os argentinos demoram para casar?
– Porque é difícil achar alguém que os ame tanto quanto eles próprios!

Dizem que os argentinos não tomam banho com água quente que é só para não embaçar o espelho...

Um brasileiro e um argentino estão passeando num parque. De repente um deles encontra uma lâmpada mágica da qual sai um gênio. Como são dois, o gênio decide conceder um desejo a cada um. O argentino pede:

– Gênio, você poderia construir em volta de meu lindo país, a Argentina, muros altíssimos de modo que os brasileiros invejosos não venham nos encher o saco?

– Desejo concedido – diz o gênio.

O brasileiro, que tinha ouvido tudo, pergunta ao gênio:

– Gênio, os muros que você construiu são sólidos?

– Nada pode derrubá-los – responde o gênio.

– Os muros são altos? – Insiste o brasileiro.

– Os muros ultrapassam o mais alto edifício de Buenos Aires – explica o gênio.

– Interessante... – complementa o brasileiro – Então, enche isso tudo de água...

Estavam Caniggia e Batistuta discutindo:

Batistuta afirmava:

– Eu sou o maior jogador de futebol que Deus enviou a Terra!

Respondeu Caniggia:

– Pois você está enganado! Eu sou o enviado divino do futebol!

E assim discutem por horas.

Em determinado momento resolvem procurar Maradona e perguntam:

– Diga, Maradona. Qual dos dois você acha que foi enviado por Deus para jogar futebol?

– Sinto muito, mas não posso responder a esta pergunta...

Perguntam os dois:

– Por quê?

Maradona responde:

– Pelo que eu sei, não mandei ninguém aqui pra jogar futebol!

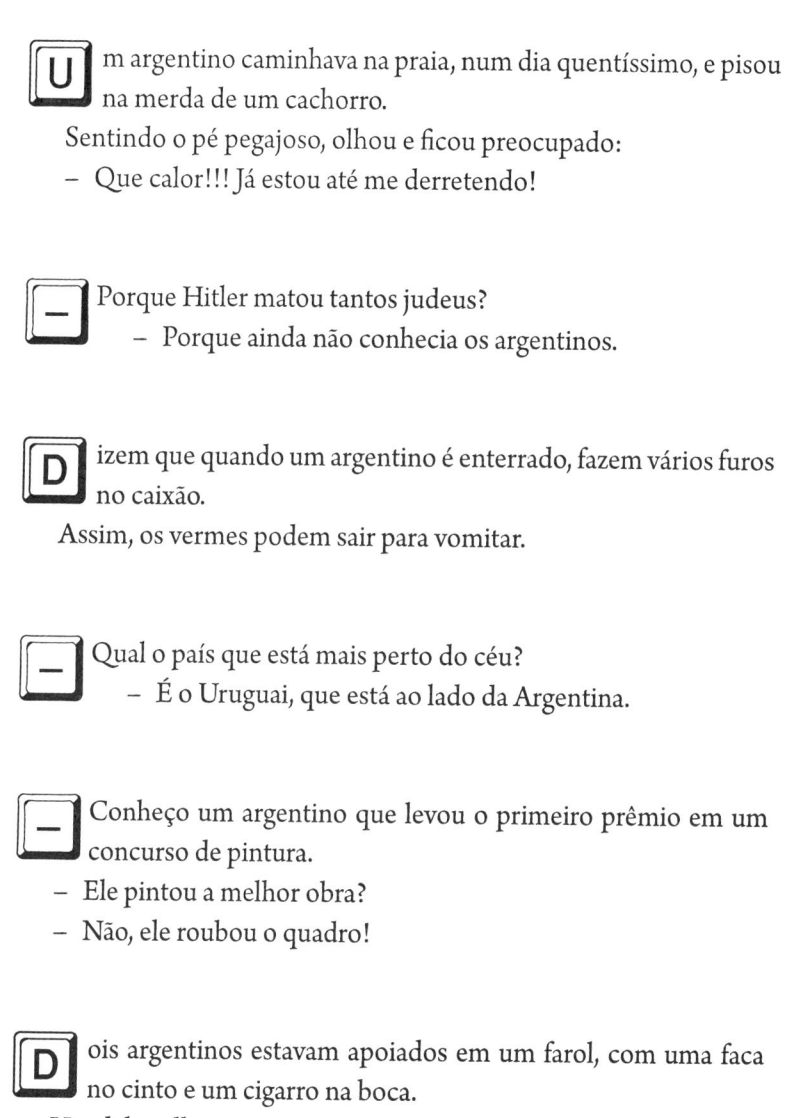

U m argentino caminhava na praia, num dia quentíssimo, e pisou na merda de um cachorro.
Sentindo o pé pegajoso, olhou e ficou preocupado:
– Que calor!!! Já estou até me derretendo!

– Porque Hitler matou tantos judeus?
 – Porque ainda não conhecia os argentinos.

D izem que quando um argentino é enterrado, fazem vários furos no caixão.
Assim, os vermes podem sair para vomitar.

– Qual o país que está mais perto do céu?
 – É o Uruguai, que está ao lado da Argentina.

– Conheço um argentino que levou o primeiro prêmio em um concurso de pintura.
– Ele pintou a melhor obra?
– Não, ele roubou o quadro!

D ois argentinos estavam apoiados em um farol, com uma faca no cinto e um cigarro na boca.
Um deles olha para o outro e pergunta:
– Você andou falando por aí que nós nos beijamos na boca?
– Não.
– Então nos viram.

– Quem nasce do casamento de um argentino com a empregada do prédio?
– Um porteiro, que pensa ser dono do edifício.

– Em que os argentinos são diferentes das pilhas?
– A pilha tem um lado positivo.

Um uruguaio, cansado de ouvir o seu amigo argentino contar vantagens, em dado momento da conversa lhe pergunta:
– Entonces? Qué se pasó en la Guerra de las Malvinas?
E o argentino:
– Bien, fuemos vice-campéon!

Em uma maternidade estão três pais ansiosos, esperando o nascimento dos filhos.

Um era preto, outro judeu e o último um argentino.

O médico vem e comunica que as três crianças nasceram e estão bem.

Só que houve um pequeno problema e eles ficaram misturados.

O médico, então, pede:
– Por favor, passem para aquela sala para reconhecerem seus filhos.

O judeu entra primeiro e logo sai com um pretinho nos braços.

O negro chega pra ele e diz:
– Amigo, o senhor deve estar fazendo confusão! Este garoto é meu! Eu sou o único preto aqui.

Responde o judeu:
– Olhe, pode até ser! Mas eu não vou me arriscar a pegar um bebê branco. Já pensou se ele é o argentino?!

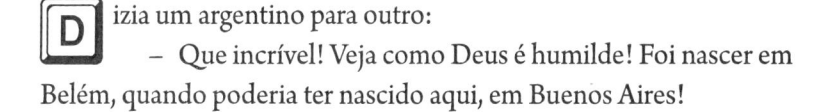

Dizia um argentino para outro:
— Que incrível! Veja como Deus é humilde! Foi nascer em Belém, quando poderia ter nascido aqui, em Buenos Aires!

O filho de um argentino vai andando com seu pai e diz:
— Papai, quando yo crescer quiero ser como você.
O pai, todo orgulhoso, pergunta:
— E por que, hijo mio?
— Para tener un filho como eu!

Um argentino responde às perguntas do funcionário do governo, para tirar documentos:
— Nome?
— Antônio Gardelón.
— Idade?
— 32 anos.
— Casado?
— Solteiro.
— Sexo?
— Enorme, tchê, enorme!

Um empresário argentino recebe um pedido para recomendar um ex-empregado.
Porém, não sabia muito bem o que responder, pois não queria mentir e, por outro lado, se dissesse a verdade, colocaria o antigo funcionário em uma situação difícil.
Depois de muito pensar, escreveu:
"Você terá muita sorte se conseguir que ele trabalhe para você."

Por que alguns laboratórios pensam em usar argentinos como cobaias em vez de ratos? Três razões:

1 – Não há falta de argentinos. Eles estão em todos os lugares.
2 – Os pesquisadores não se apegam emocionantemente a eles.
3 – Existem certas coisas que não devem ser feitas, nem mesmo a um rato.

Um argentino encontra outro:
– Por favor, você tem um isqueiro?
O outro responde:
– Espere que vou procurar...
E começa a se apalpar pelo corpo todo... E ainda se apalpando, diz:
– Sinto muito, não encontro o isqueiro, mas, como eu estou bem!!!

O que se joga pra um argentino quando ele está se arogando?
– O resto da família.

Você sabe como chamam os argentinos no Peru?
– Espermatozoides, porque de um milhão, só um é gente!

Qual a melhor marca de aspirador de pó na Argentina?
– Maradona.

Você sabe o que é o ego?
– São os pequenos argentinos que todos levamos dentro de nós.

Um escritor argentino e um mexicano acabam de se conhecer, e começam a conversar.

O argentino conta sua novela para o mexicano.

As horas passam e o paciente e educado ouvinte permanece em silêncio.

O argentino fala e fala, até que finalmente pergunta:

– Agora vamos a hablar de você: o que você achou da minha novela?

Em uma joalheria estão procurando um vendedor argentino!
– Mas eles pegaram um antes de ontem!
– É este mesmo que eles estão procurando.

Um argentino pede a um taxista que o leve ao mirante da cidade. Durante duas horas fica vendo, distraído, a vista.

Depois de muito tempo, o taxista pergunta, curioso:

– Que tanto o senhor observa?
– Estou olhando para ver como é a cidade sem mim.

Por que na Argentina tem tantos casos de bebês prematuros?
– Porque nem as mães deles os aguentam por nove meses.

Qual a diferença entre um argentino e um terrorista?
– O terrorista tem simpatizantes.

Segundo recentes estatísticas, de cada dez argentinos, onze se sentem superiores aos outros dez.

O que é um argentino sem pés, sem mãos, sem braços e sem cérebro?
– Alguém digno de confiança.

Q ual a semelhança entre o Superman e um argentino humilde?
– É que nenhum dos dois existe.

C omo se faz para saber que um espião é argentino?
– Ele leva um cartão que diz: O melhor espião do mundo.

A lguém diz a um argentino, em uma manhã de sol:
– Olá, que manhã bonita!
Ao que o argentino responde:
– Obrigado, fazemos o que podemos de melhor.

C omo reconhecer um argentino em uma livraria?
– É o único que pede o mapa mundi de Buenos Aires.

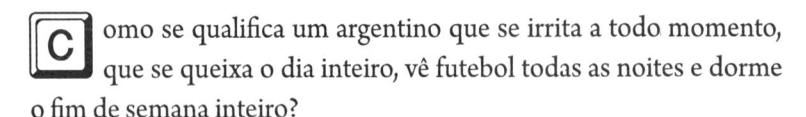

C omo se qualifica um argentino que se irrita a todo momento, que se queixa o dia inteiro, vê futebol todas as noites e dorme o fim de semana inteiro?
– Normal.

P or que na Argentina nunca houve terremotos?
– Porque nem a Terra os engole.

Dois argentinos, no exterior, estão para entrar em uma festa:
– Que tal se dissermos que somos argentinos?
– Não, vamos ver se dessa vez nos deixam entrar.

Um argentino estava fazendo amor com sua noiva quando ela exclama:
– Ai, meu Deus!
E ele responde:
– Bem, bem, na intimidade pode me chamar de Carlos.

Um comentarista esportivo argentino diz:
– Diego Armando Maradona é O MELHOR jogador de futebol do mundo e, na Argentina, um dos melhores.

Um sujeito condenado à morte:
– Qual é o seu último desejo?
– Quero me naturalizar argentino.
Estranhando, o carrasco pergunta por quê.
– É um argentino a menos no mundo!

Como se faz um colombiano?
– Junte um pouco de paraguaio, chileno, boliviano e um pouquinho de merda, mas só um pouquinho, se não você acaba fazendo um argentino.

Chegam dois argentinos a uma festa e um pergunta ao outro:
– Tché, les decimos que somos argentinos?
– No... Eles que se jodan.

Em visita aos Estados Unidos, sua Santidade, o Papa, foi convidado pelo presidente americano para uma visita à Casa Branca. Depois de uma longa conversa, pede para falar ao telefone. O presidente lhe indica o escritório, onde há duas cabinas, uma vermelha e outra branca.

O Papa pergunta qual deve usar.

– A vermelha é para falar com o Putin, e a branca com Deus.

Sua Santidade fala pela cabine branca por 5 minutos.

Ao desligar, pergunta quanto deve pela chamada e o presidente responde:

– Cinco mil dólares.

Dias depois viaja para Buenos Aires para visitar o presidente da Argentina.

Lá, também, o Papa pede para falar ao telefone. Pergunta que telefone usar.

Diz o presidente argentino:

– O vermelho é para falar com o presidente dos Estados Unidos e o branco para falar com Deus.

Sua Santidade pega o telefone branco e fica conversando por mais de meia hora. Quando termina, pergunta quanto deve, e recebe como resposta:

– Cinquenta dólares.

Surpreso, pergunta:

– Falei muito mais agora do que na Casa Branca, como é possível que pague só 50 dólares?!

– E que aqui você fez uma chamada local.

Por que os laboratórios estão começando a usar argentinos em vez de ratos?

– Porque acabam gostando dos ratos.

Um argentino para em frente de um edifício com espelhos e diz em voz alta:

– Que bela cara eu tenho!!!

Segue caminhando e se encontra com sua namorada, uma loira bonita, e volta a dizer:

– Que gata maravilhosa a minha!!!

Entra na sua Ferrari vermelha e diz outra vez:

– Pô!!! Que carrão que eu tenho!!!

Chega em sua casa e encontra sua irmã, que é uma freira da Orden de las Esposas de Cristo.

Então, eufórico comenta:

– Tremendo cunhado, o meu!!!!

Um psicólogo, que vive em Ciudad Satelite, chama por telefone, às quatro da manhã, um colega que vive em Buenos Aires e diz:

– Pancho, vem com urgência, tenho um caso único no meu consultório.

– Mas como! A estas horas? Irei de manhã.

– Tem que ser agora, esta é uma grande oportunidade: única!

O médico, de pijama, pega seu carro e vai pra Ciudad Satelite.

– Mas o que pode ser tão urgente?

– Tenho um argentino no meu consultório...

– Mas o que tem isto demais? Eu atendo muitos argentinos!

– Sim, mas com complexo de inferioridade?

Qual a diferença entre o atropelamento de um vira-lata e o de um argentino?

– Antes do atropelamento do cachorro, sempre tem a marca da freiada.

E stavam em um trem uma velha, uma moça muito gostosa, um argentino e um brasileiro.

O trem entrou num túnel muito escuro.

Escutou-se um beijo e, em seguida, um tapa.

A velha pensou: "Orgulho-me desta moça. Um dos dois rapazes a beijou, e ela meteu um tapa."

A moça pensou: "Um dos dois rapazes tentou me beijar, acabou beijando a velha e levou um tapa."

O argentino pensou: "Que azar! O brasileiro deu um beijo na moça, e quem levou o tapa fui eu."

O brasileiro: "Dei um beijo nas costas da minha mão e meti um tapa no argentino!!!"

D ois argentinos chegam a São Paulo, sem grana, e se reúnem nas primeiras horas da manhã.

Um diz ao outro:

– Vamos nos separar para pedir dinheiro e, ao final do dia, nos reunimos para ver quanto arrumamos cada um.

O outro diz que lhe parece bem e então vão, cada um para seu lado. Já bem de noitinha se encontram de novo.

Um pergunta para o outro:

– Quanto dinheiro você ganhou?

– Dez reais.

– E como fez?

– Fui ao parque do Ibirapuera, pintei um cartaz e escrevi: "NO TENGO TRABAJO, TENGO TRÊS HIJOS QUE ATENDER, POR FAVOR NECESITO AYUDA." E esse povo honrado foi me dando dinheiro. E você, quanto ganhou?

– 8.800 reais.

– O quê? É mucha plata!!! E como fez isso?

– Eu fui até a Av. Paulista e escrevi um cartaz que dizia: "ME FALTA SOLAMENTE 10 REAIS PARA REGRESSAR A LA ARGENTINA."

Chegam um hindu, um judeu e um argentino a uma pensão de um povoado e pedem um quarto para três.

– Só me resta um quarto, mas é para dois. Contudo, se não os incomoda, tenho espaço no estábulo para um de vocês.

Os três indivíduos decidem alugar o quarto e nisso diz o hindu:

– Se quiserem, eu vou dormir no estábulo e vocês dormem no quarto.

Em cinco minutos batem na porta do quarto:

– Quem é?

– Sou eu, o hindu. No estábulo há uma vaca e como é um animal sagrado para nós, não posso dormir onde dorme uma vaca.

Nisso o judeu diz:

– Não se preocupem; se quiserem eu durmo no estábulo.

Em cinco minutos batem na porta do quarto:

– Quem é?

– Sou eu, o judeu. No estábulo há um porco e é um animal desagradável para nós, não posso dormir onde dorme um porco.

Nisso o argentino diz:

– Não se preocupem, eu irei dormir no estábulo.

Em cinco minutos batem na porta.

– Quem é?

– Somos nós, a vaca e o porco. Não podemos dormir junto com um argentino.

Outro comentarista de futebol argentino ao final de uma partida:

– Chile e Argentina acabam de empatar a partida: zero gols para o Chile e ZERO GOLAÇOS PARA A ARGENTINA!!!

Num avião estão os melhores jogadores de todos os países sul-americanos.

De repente, o comandante avisa que o avião está perdendo altura por excesso de peso e vão ter que se livrar dos equipamentos.

Mais tarde, o comandante volta e diz que continua a perder altura e vai ter que se livrar das bagagens.

Depois, ele volta e avisa com muita lástima que vidas humanas vão ter que ser sacrificadas.

Então, vai Solano, do Peru:
– Por amor ao Peru! – E pula.
Depois vai Salas, do Chile:
– Por amor ao Chile! – E pula.
Aí vai Chillaver, do Paraguai:
– Por amor ao Paraguai! – E Pula.
Aí chega a vez do Pelé:
– Por amor ao Brasil! – E empurra o Maradona...

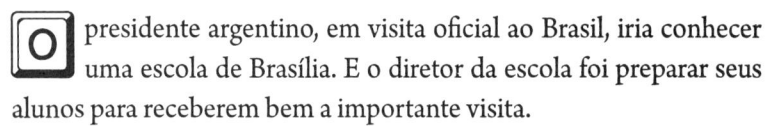

O presidente argentino, em visita oficial ao Brasil, iria conhecer uma escola de Brasília. E o diretor da escola foi preparar seus alunos para receberem bem a importante visita.

– Vocês devem ser educados com o senhor presidente da Argentina! Joãozinho, eu vou perguntar a você o que é a Argentina para nós. E você responderá que a Argentina é um país amigo.

– Não, diretor! A Argentina é um país irmão.

– Muito bem, Joãozinho. Mas não precisa de tanto. Diga apenas que a Argentina é um país amigo.

– Não é não, a Argentina é um país irmão!

– Tá bom, Joãozinho. Por que você acha que a Argentina é um país irmão, e não um país amigo?

– Porque amigo a gente pode escolher!

algumas frases pintadas em muros da argentina:

- ☒ Estamos sempre ao lado do Governo... Porque se vamos à frente, ele nos pega e se ficamos atrás, nos caga.

- ☒ Na Argentina temos os melhores legisladores que o dinheiro pode comprar.

- ☒ Basta de realidades... Queremos promessas!!!

- ☒ A dívida que ele deixou no país não é externa. É eterna. Amenem!

- ☒ Alguns nascem com sorte. Outros na Argentina.

- ☒ É proibido roubar. O governo não admite concorrência.

- ☒ Vamos colocar as putas no poder. Seus filhos já são funcionários.

- ☒ Este governo é como o biquíni. Ninguém sabe como se sustém, e todos querem que caia.

- ☒ Não leve a vida tão a sério. Você não vai sair dela com vida.

- ☒ A Argentina é como uma granja fechada por falta de ovos.

- ☒ Existem quatro tipos de países: os desenvolvidos, os subdesenvolvidos, o Japão e a Argentina.

Um brasileiro entra na polícia em Caxias do Sul e dirige-se ao delegado:

– Vim entregar-me, cometi um crime e desde então não consigo viver em paz.

– Pois fique sabendo que as leis aqui são muito severas e são cumpridas. Se o senhor é mesmo culpado, não haverá apelação nem dor de consciência que o livre da cadeia

– Entendi. Eu atropelei um argentino na estrada ao sul de Caxias.

– Ora meu amigo, como o senhor pode se culpar se estes argentinos atravessam as ruas e as estradas a todo momento?

– Mas ele estava no acostamento.

– Se estava no acostamento é porque queria atravessar, se não fosse o senhor seria outro qualquer.

– Mas não tive nem a hombridade de avisar a família daquele homem, sou um crápula!

– Meu amigo, se o senhor tivesse avisado haveria manifestação, repúdio popular, passeata, repressão, pancadaria e morreria muito mais gente. Acho o senhor um pacifista, merece uma estátua.

– Eu enterrei o pobre homem ali mesmo, na beira da estrada.

– O senhor é um grande humanista, enterrar um argentino, é um benfeitor, outro qualquer o abandonaria ali mesmo para ser comido por urubus e outros animais, provavelmente até hienas.

– Mas enquanto eu o enterrava, ele gritava: Estoy vivo, estoy vivo!!!

– Tudo mentira, esses argentinos mentem muito.

Qual é o brinquedo preferido dos argentininhos?
– O yo-yo.

A filha chega em casa aos prantos e diz para a mãe:
– Mãe, mãe, fui violentada por um argentino!
– Mas... como você sabe que era um argentino?
– Ele me fez agradecer.

Um argentino estava sendo entrevistado na TV. Perguntaram a ele:
– Qual a pessoa que você mais admira?
– Dios!
– E por quê?
– Ora, fue él quien me criou!

Qual é o negócio mais lucrativo do mundo?
– Comprar um argentino pelo que ele vale e vendê-lo pelo que ele pensa que vale.

Chega um argentino na farmácia e pede ao farmacêutico:
– Viejo... Me veja 86 camisinhas!
– Sinto muito... Eu só tenho 72 em estoque.
E o argentino:
– Diabos! Você cagou com a minha noite!

- você já ouviu minha última piada?
- peço a Deus que sim!!!

sobre o autor

Nascido na capital de São Paulo em 1943, Augusto sempre foi um empreendedor destemido.

Embora membro de uma tradicional família paulista, de juristas, desde jovem inovou no campo da indústria e do comércio.

No Brasil e no exterior (25 anos nos EUA e 5 anos na Europa), Costinha, como é mais conhecido, dedicou-se aos campos da informática, alimentação, logística e cinema.

Atualmente reside em São Paulo, e achou um tempo para se dedicar a seu antigo hobby de escrever.

acesse:
www.record.com.br/editorabestseller

Este livro foi composto na tipologia Arno Pro,
em corpo 11,5/14,9, e impresso em papel off-white 80g/m^2
pelo Sistema Cameron da Distribuidora Record
de Serviços de Imprensa S.A.